일센스 99

일센스
(99)

불황을 이기고 성장하는 직장인의 무기

고미야 가즈요시 지음 | 장혜영 옮김

흐름출판

세상은 일센스가 좋은 사람을 필요로 한다

요즘엔 대중교통 이용이 참 편리해졌다. 신용카드나 체크카드를 찍기만 하면 되니, 구태여 교통카드를 만드는 수고도 덜었다. 편의점이나 마트, 식당에서는 키오스크가 점점 늘어나고 있다. 가끔은 서빙 자체를 사람 대신 로봇이 한다. 계산을 할 때도 굳이 현금이나 카드를 내밀 필요가 없어졌다. QR 코드를 보여주거나 스마트폰 시스템을 이용하면 손쉽게 결제할 수 있다. 예전에는 잠깐 집을 나설 때도 이것저것 챙기기 바빴건만 이젠 스마트폰 하나면 다 된다.

이 편리함은 무엇을 의미할까? 사람이 설 자리가 점점 줄어들고 있음을 보여준다. 수많은 노동자가 시스템과 로봇에 의해 대체되고 있다. 사라진 직업군과 사라질 직업군이 빠르게 늘어나는 중이다. 그래서인지 편리함을 누리다가도 내가 대체될 수 있다는 서늘한 불안감을 느낀다.

삶은 점점 어려워지고 있다. 열심히 공부하고 취업했지만, 고물가 시대에서 살아남기엔 역부족이다. 그래서 누군가는 투잡으로, 누군가는 다른 직종으로 눈길을 돌린다. 하지만 결국 결론은 하나다. 일을 잘하는 사람, 즉 대체 불가능한 사람이 되어야 이 위기를 극복할 수 있다.

나는 28년차 경영 컨설턴트다. 28년의 시간 동안 기업 4곳의 상장을 함께했고, 메이지 대학교와 나고야 대학교에서 학생들을 가르쳤으며, TV 프로그램의 고정 토론자로 조언을 전했다. 그 여정에서 수없이 많은 사람을 만났다. 즉, 그들의 흥망성쇠를 지켜보았다.

그중에는 평범한 직장인에서 한 기업의 대표가 된 사람, 상장 기업을 성공적으로 일군 사업가, 회사를 망하게 한 경영인 등 참 다양한 사람이 있었다. 나는 그들을 보며 '왜 저 사람은 성공했을까?', '왜 저 사람은 실패했을까?'를 치열하게 고민했다.

고민 끝에 얻은 결론은 간단했다. 일센스에서 수준 차이가 났던 것이다. 일센스는 말 그대로 일을 해내는 감각이다. 위기가 닥칠수록 빛을 발하는 대응 능력이며, 점점 더 복잡해지는 세상을 이겨내는 힘이다. 쉽게 말해, 스트레스와 야근은 줄이고 성과와 연봉은 올리는 직장인의 무기다. 일센스가 있는 사람은 시스템에 휘둘리지 않고 오히려 시스템을 만들어낸다.

이 책은 지금껏 내가 셀 수 없이 많은 성공 및 실패 사례를 지켜보며 얻은 깨달음을 한 권으로 집대성하고 있다. 일센스를 키우기 위해 의식해야 하는 가치, 지속할 필요가 있는 습관을 인풋과 아웃풋으로 나눈 후 99가지로 정리했다.

1부 인풋은 원하는 결과물을 만드는 자원이다. 2부 아웃풋은 인풋을 이용해 만든 결과물이다. 인풋에서는 '숫자' 감각을 익히고 '발견'의 눈을 키운 뒤 '공부'와 '독서'를 통하여 남보다 많은 '시간'을 확보한다. 아웃풋에서는 문제를 '해결'하고 꿈을 현실로 '실행'시켜, 필요한 '인물'로서 '리더'가 될 수 있게 만드는 '습관'을 다룬다.

나는 기업이 올바른 선택을 할 수 있게 돕는 경영 컨설턴트다. 하지만 내가 중요한 결정을 대신 내리진 않는다. 어떤 결정을 내릴지는 결국 본인의 손에 달려 있다. 누군가가 옆에서 도울 수는 있겠지만 선택에 따른 결과는 본인이 책임져야 한다. 나는 이 책을 통해 당신이 옳은 결정을 내리고, 그 결정을 실천할 수 있기를 바란다. 개별적으로는 간단해 보이지만 하나씩 쌓아가다 99번째에 이르게 되면, 어느덧 당신은 유일무이한 존재가 될 것이다.

고미야 가즈요시

! 차례 !

2부 (아웃풋) 한정된 자원으로 만든 최대치의 결과물

8장 (실행 센스) 망설일 시간에 시작하라

9장 (인물 센스) 자신이 원하는 사람이 되는 법

1부

(인풋)

원하는 결과물을 만드는 최소한의 자원

!

1장

(숫자 센스)

숫자 문맹을 극복하라

주의! 숫자를 눈으로만 보지 마십시오

일을 잘하기 위해서는 숫자를 잘 다루어야 한다. 숫자를 다루는 능력을 이 장에서는 숫자 센스라고 칭한다. 숫자 센스는 '숫자 파악→숫자와 숫자를 관련짓기→목표 달성에 적용하기'의 과정을 통해 기를 수 있다.

관심을 가진다

'숫자를 파악한다.'는 것은 극비 데이터를 조사하거나 통계를 암기하는 영역처럼 거창한 일이 아니다. 필요한 숫자는 언제나 눈앞에 있다. 단지 그것을 인식하고 못 하고의 차이다.

자, 여기서 질문하겠다. 자국의 노동력 인구, 올해 국가 예산, 현재 출생률, 회사 매출액, 매일 걷는 걸음 수, 현재 자신의 몸무게에 대해 전부 대답할 수 있는가? 당신이 대답할 수 있는 질문이, 바로 당신의 관심사다. 관심만 있으면 신문과 뉴스, 매일의 회의와 서류 등을 통해 저절로 숫자가 익숙해진다.

관심 있는 것만 눈에 들어온다. 그래서 보고서 속 숫자 오류는 발견하지 못하는 사람들이 월급 명세서 속 오류는 금방 알아차린다. 따라서 숫자를 파악하는 힘의 전제는 '관심'이다.

숫자의 정의를 안다

여기서 다시 질문한다. 자국의 GDP 수치를 아는가? 이 숫자는 알고 보면 여러분의 월급과도 연동되어 있다. 이렇게 말하니까 갑자기 관심이 좀 생기지 않는가?

하지만 GDP라는 용어 자체를 모르면 숫자를 파악할 수 없다. GDP란 Gross Domestic Product의 약자로 국내총생산을 말한다. 국내총생산은 일정 기간 동안 국내에서 생산된 부가가치의 총액이다.

부가가치는 무엇일까? 부가가치는 매출액에서 매입액을 뺀 것이다. 어떤 업종이든 기업은 무언가를 바탕으로(매입) 상품화해 판매하고 매출을 올린다. 그 기업 활동에서 매입액과 매출액의 차액이 부가가치이며, 국내 부가가치의 전체 합계가 국내총생산, GDP이다.

기본 용어의 정의를 알아야 비로소 숫자를 파악할 수 있다. 모르는 용어 혹은 막연하게 느껴지는 단어가 나왔을 때, '잘 모르겠다.' 혹은 '무슨 느낌인진 안다.'는 식으로 대충 넘어가면 안 된다. 생소한 용어를 한층 더 깊이 생각할 수 있는지에 따라 사고가 깊어질지, 얕아질지가 결정된다. 인터넷에 바로 검색하거나 모호한 기억에 의존하는 것은 추천하지 않는다. 그보다 먼저 깊이 생각하는 버릇을 들여야 한다.

기본 숫자의 실제 수치를 안다

전반적인 통계치를 알아둘 필요가 있다. 기본적인 숫자를 알아야 제대로 추론할 수 있다. 실제 수치를 모르면 추론 가능한 범위와 정확성이 상당히 한정되고 만다.

알아두면 좋을 실제 수치에 관해 몇 가지 예를 들어보겠다.

알아두면 좋은 주요 숫자 (2022년, 한국 기준)

- 인구: 5175만 명
- 생산 가능 인구: 3675만 명
- 국가 예산: 625조 7000억 원
- 현재 출생률: 0.778명
- 세대 수: 2400만 세대
- GDP: 2161조 원
- 재정적자액: 87조 원
- 1인당 미간 소비 지출액: 2077만 원
- 수출입 총액: 수출 884조 원, 수입 944조 원

숫자 사이의 은밀한 관계를 찾아서

관련성을 알면 세상을 보는 눈이 달라진다. 정확한 숫자를 파악했다면 이 숫자에 영향을 받는 다른 숫자를 알아야 한다. 즉, 숫자와 숫자를 관련지어 생각하는 것이 중요하다.

숫자와 숫자의 관련성을 안다

기업들은 부가가치로 번 돈을 어떻게 사용하고 있을까? 크게 나누면 세금 납부, 미래 대비를 위한 투자, 잉여금으로 저축, 주주 배당, 직원 급여 지급(인건비) 등이다.

그중에서도 대부분의 기업은 인건비에 가장 많은 돈을 쓴다. 부가가치에서 인건비가 차지하는 비율을 바로 '노동분배율'이라고 한다.

노동분배율이 일정하다고 가정해 보자. 이때 일하는 사람의 1인당 부가가치액, 다시 말해 1인당 GDP가 오르지 않으면 급여도 오르지 않는다. 1인당 GDP 수치가 월급의 인상율을 보여준다는 뜻이다.

GDP와 일상생활, 즉 월급 사이에는 밀접한 관계가 있다. 참고로 노동분배율은 50%를 조금 웃도는 정도다.

숫자를 관련지어 추론한다

GDP와 급여의 관계에서 나온 숫자를 사용하면, 개별 회사의 매출액을 알 수 있다. 단, 업종의 평균적인 부가가치율(도매업이나 소매 등이라면 마진율과 동일)을 알아둘 필요가 있다.

부가가치율은 '부가가치÷매출액'으로 구할 수 있다. 사람을 많이 쓰는 서비스업처럼 100%에 가까운 업종부터 20%도 안 되는 업종까지 다양하지만, 평균적으로 30%이다. 즉, '부가가치÷매출액 = 0.3'이 된다.

직원 수가 50명인 회사의 평균 매출을 추론해 보자(1인당 인건비를 평균 500만 엔으로 가정). 평균 노동분배율은 50% 정도이므로, 500만 엔을 노동분배율 0.5로 나눈 값은 1000만 엔이다. 바로 이 1000만 엔이 1인당 만들어내는 부가가치. 그렇다면 회사 전체가 만들어내는 부가가치는 5억 엔이 된다.

이 숫자는 매출액의 30%로, 16.6억 엔이다. 16.6억 엔이 50명의 직원을 가진 회사의 추정 매출액이라고 추론할 수 있다. 이렇게 숫자와 숫자를 관련지으면 추론이 가능하다.

직장에서는 숫자가 제2의 언어다

숫자 센스를 높이기 위해서는 숫자를 만드는 힘(목표 달성력)이 필요하다.

책임을 진다

직원은 사장만큼 자사의 숫자에 관심을 갖지 않는다. 일 잘하는 직원은 정확한 숫자를 사용해 이야기하는데, 일 못하는 직원은 '대체로, 조금만 더' 등의 막연한 표현을 쓴다.

책임감이 숫자를 향한 관심을 결정한다. 막연하게 이야기하는 사람보다 숫자로 현재 상황과 목표를 구체화하는 사람이 목표 달성을 향한 책임감이 더 강하다. 그렇기 때문에 관심을 가지고 숫자를 볼 수 있는 것이다.

20% 더 하면 목표 달성입니다.

조금만 더 하면 목표 달성입니다.

수치화한다

숫자를 만드는 힘(목표 달성력)에 가장 필요한 것은 숫자를 올려나가겠다는 책임감이다. 책임감을 기르기 위해서는 항상 수치화해 생각해야 한다. '조금만 더'가 아니라 구체적인 숫자를 떠올려라. 숫자 떠올리기를 반복하면 습관이 된다. 습관화가 되면 수치화가 자연스러워진다. 따라서 명확한 수치를 제시해 상대방을 납득시킨다.

수치화는 사물의 궁극적인 구체화다. 모든 것은 구체화를 통해 실행된다. 목표가 수치화되면, 현재 상황과의 간극을 알 수 있으므로 도달하기까지의 프로세스를 역산하기 쉬워진다.

답을 알면 풀이가 보인다

당신이 숫자에 약하다면 숫자 읽는 법을 몰라서일 확률이 높다.

비율을 파악한다

숫자는 그 자체로 의미를 가지지 않는다. 숫자는 비교 대상이 있어야 비로소 의미를 가진다. 그중 하나가 비율 감각이다. '그 숫자는 전체 중에서 어느 정도의 비율을 차지하는가?', '그 숫자가 속한 전체의 숫자는 어느 정도인가?' 이 2가지를 생각할 수 있어야 한다.

예를 들어보자. 일본에서 사회보험청의 연금 입력 누락이 큰 문제가 된 적이 있다. 누구에게 귀속되는지 알 수 없는 데이터가 5000만 건이나 되고, 그중 약 1000만 건은 판별 불능

이었다. 이 숫자들에 당신은 어떤 생각이 드는가?

당시 여론은 '이건 엄청난 숫자다.', '사회보험청은 뭘 하고 있느냐?', '조직을 해체하라.' 등의 반응으로 들끓었다. 하지만 5000만이라는 숫자를 듣고, 내가 제일 먼저 떠올린 생각은 '전체가 몇 건인가?'였다. 10억분의 5000만인가, 100억분의 5000만인가.

전체의 수를 알아야 비율을 알 수 있다. 그래야만 사태의 심각성을 판단할 수 있다. 그래서 나는 추론해 봤다.

먼저, 당시 일본의 인구는 약 1억 2800만 명이었다. 따라서 미가입자를 제외하면 대략 1억 명 정도의 데이터가 사회보험청에 있었을 것으로 추정된다.

다음은 1인당 기록 수를 살펴보자. 연금 기록은 매달 생성되므로, 한 사람이 1년 동안 갖게 되는 데이터는 12건. 그것이 약 40년 동안 계속되므로, 한 사람의 평생 데이터 건수는 12×40=480건이라고 추론할 수 있다. 1억 명으로 계산하면 480억 건이 된다. 단, 현재 납입 중인 사람도 있으니 대충 절반 정도라고 생각하고, 240억 건의 데이터가 있다고 추론할 수 있다.

그럼 처음에 말한 5000만 건은 이 240억 건의 몇 퍼센트일까? 전체에서 차지하는 비율을 생각해 보기로 했다. 먼저 1%면 2억 4000만 건, 0.5%면 1억 2000만 건이므로, 그 5000만 건은 전체의 0.2% 정도로 예상된다.

물론 그렇다고 사회보험청이 잘못하지 않았다는 말은 아니
다. 다만 그 0.2%로 사회보험청을 해체해야 한다는 둥 극단적
인 비판을 할 정도는 아니라는 뜻이다. 사안의 중요도를 오판
하는 것은 숫자에 대한 인식이 부족해서 벌어진다. 5000만 건
이라는 숫자만 보고 전체의 숫자, 사회 전체에서 본 비율을 파
악하지 못해서다. 따라서 전체의 숫자를 파악함으로써 숫자
가 가지는 의미를 알 수 있다.

일십백천만 다음을 알라

작은 숫자에 지나치게 연연하면 큰 그림을 보지 못한다. 따라서 큰 숫자와 큰 단위를 정확히 파악해야 한다.

큰 숫자를 파악한다

큰 숫자 파악은 비즈니스에서 특히 중요하다.

복사 용지나 전기 요금, 난방 요금을 아껴 연간 수만 엔을 절약했다고 자랑하면서, 정작 중요한 거래에서는 수천만 엔을 밑지는 계약을 해버리는 경영자가 있다. 이는 앞뒤가 바뀐 본말전도다.

나는 직업상 매달 여러 건의 임원 회의에 참석한다. 뛰어난 경영자는 "세세한 숫자는 필요 없다. 경영에 필요한 큰 숫자만 보는 편이 판단에 더 도움이 된다."라고 말한다. 작은 숫자에 연연하다가 큰 숫자에서 실수하는 사람과는 경영 센스부터가 다르다.

물론 능력 있는 경영자들이 세세한 부분에 소홀한 건 아니다. 오히려 그 반대다. 그들은 세세한 부분을 신경 쓰면서 큰 틀을 결코 놓치지 않는다.

작은 숫자에 연연하지 않는다

디테일에 소홀해도 된다는 뜻은 아니다. 하지만 나뭇잎을 보느라 숲을 못 보는 경우가 생각보다 많다. 숫자도 마찬가지다. 숫자에는 세세한 숫자와 전체 숫자, 작은 숫자와 큰 숫자 등 다양한 종류의 숫자가 있다. 거기에 지나치게 연연하지 않아야 한다. 매출액의 숫자를 1엔 단위까지 정확하게 외우기보다 대략적으로 몇 억 엔, 혹은 몇 천만 엔 정도로만 파악해 두는 편이 현실적으로 도움이 된다.

단위가 커질수록 정확하게 알아야 한다

「일십백천만 다음을 알라」에서는 대략적인 수치를 틀리지 않아야 한다는 이야기를 했다. 이번에는 개별적인 숫자로서도 큰 단위의 숫자를 명확하게 알아두어야 한다는 내용을 다룬다. 즉, 빅 피겨를 잘 파악해야 한다. 빅 피겨는 소수점 이하의 두 자리만 표시하거나 말하는 것으로 152721명을 약 15만 명이라고 표시하는 방법이다.

억 단위의 숫자를 정확히 파악한다

회사의 매출을 놓고 봤을 때 1000~2000엔 정도의 숫자를 틀리더라도 억 단위 숫자가 정확하면 큰 문제가 생기지 않는다.

경영 회의나 임원 회의에서 자잘한 숫자를 장황하게 보고

하는 직원이 있으면, 일 잘하는 사장은 짜증을 낸다.

"그런 사소한 단위까지 말할 필요 없으니 큰 단위로 말해요. 자잘한 숫자가 나오면 오히려 더 헷갈리니까."

큰 단위 숫자를 사용할 때 자주 나타나는 실수가 2가지 있다.

첫 번째, 자릿수가 큰 숫자를 곱하거나 나눌 때 순간적으로 자릿수를 헷갈린다.

두 번째, 결산서처럼 단위가 1000엔 혹은 100만 엔으로 기재될 경우 자릿수를 잘못 읽는다. 숫자에 쉼표가 세 자리마다 있는 것도 익숙하지 않은 사람에게는 당황스러운 부분 중 하나다. '만×만=억', '억×만=조'라고 아예 외워서 자릿수 세는 법과 계산 방법에 익숙해져야 한다.

상황에 따라 유연하게

언제나 대략적인 숫자만 보고해선 안 된다. 세세한 숫자가 필요한 비즈니스 상황도 많다. 회의에서 프레젠테이션을 할 때도 상황에 따라 상대가 판단하기에 가장 적합한 단위의 숫자를 사용해야 한다. 숫자를 어디까지 말할지, 어디까지는 말하지 않아도 되는지를 순간적으로 판단할 때가 커다란 숫자를 제대로 이해하고 있다는 증거다.

왜 월급을
조금이라도 올리려 할까

상황에 따라서는 작은 숫자도 중요하다. 아주 작은 단위(1엔)
까지 파악해야 할 때도 있다.

1엔 단위까지 중요한 숫자가 있다

창사 이래 단 한 번도 적자를 낸 적이 없다는 전자기기 제
조 기업 교세라에서는 '인시(人時) 생산성'이라는 숫자를 중
요한 경영 지표로 삼는다. 인시 생산성은 근로자 1인의 1시간
당 부가가치액을 나타낸 것이다. 이 인시 생산성은 '1인의 1시
간=3575엔'이라는 식으로, 1엔 단위까지 정확하게 파악해야
한다.

작은 숫자를 간과하면 문제가 커진다

경영자가 큰 숫자만 파악하면 된다고 생각해, '3500엔이나 3600엔이나' 한다면 회사를 잘 운영할 수 없다.

예를 들어 어떤 회사에 5000명의 직원이 있다고 해보자. 파트타임 직원도 있으니, 월 평균 노동 시간을 150시간이라고 가정하겠다.

앞서 말한 인시 생산성 '3575엔'과 '3600엔'의 차이는 25엔에 불과하다. 하지만 5000명의 직원에 적용하면 숫자의 단위가 완전히 달라진다. '25엔×150시간×5000명=월간 1875만 엔', 연간 2억 2500만 엔의 차이가 발생한다.

도쿄증시 스탠더드 상장 급의 기업이라면, 2억 엔 이상의 이익 차이는 실적과 주가에도 큰 영향을 미친다. 따라서 핵심이 되는 숫자에 관해서라면 작은 숫자의 변화에도 주의를 기울여야 한다. 물론 케이스 바이 케이스의 균형 감각은 필수다.

숫자 보기를 경쟁자 보듯이 하라

숫자는 비교 없이는 어떤 의미도 가지지 못한다. '전체 속의 비율'을 보는 것도 숫자 비교법 중 하나지만, 그 외의 방법을 설명하고자 한다.

시계열로 본다

시계열은 일정한 시간 간격으로 데이터를 배치한 수열을 말한다. 시계열로 보기는 기본 중의 기본이다. 전년비와 연차 추이를 예로 들 수 있다.

경제와 회계 관련 숫자를 이야기할 때는 반드시 '전년 동원비'가 등장한다. 이 전년 동원비는 '상승 추세에 있는가?', '하강 추세에 있는가?' 등의 질문을 하게 한다. 특히 GDP와 경기 지표에서는 실제 수치보다도 '전월 대비 ○% 상승, ○% 하락'으로 자주 언급된다(GDP는 분기별로 발표되는데, 그 숫자는 직전 분기 대비 연율(連率) 환산이다).

전년 동월비로 나타냄으로써, 자체적인 숫자만으로는 판단할 수 없었던 숫자에 의미가 생기기 시작한다. 나아가 10년, 20년에 걸친 동일 조건으로 숫자가 제시되면, 상당한 정보를 얻을 수 있다.

나는 직업상 다양한 숫자를 매일, 매주, 매달 시계열을 따라 보고 있다. 닛케이 평균 주가의 경우, 은행에 취직한 이후로 40년 넘게 항상 체크 중이다. 덕분에 평균 주가라는 숫자를 통해 일본 경제의 움직임을 훤히 볼 수 있게 되었다.

타사, 타국과 비교한다

'시계열로 본다.'는 것은 현재를 과거와 비교하는 수직 방향의 비교다. 여기에 더해 수평 방향의 비교도 중요하다. 타사, 타국과의 비교를 말한다.

닛케이 평균 주가와 미국 다우지수의 비교, 미국과 EU의 GDP 비교, 자국과 타국의 누적 적자 비교, 도요타와 테슬라의 매출액과 이익 비교 등이 그에 해당된다.

큰 숫자는 타사 혹은 타국과의 데이터 비교로 더 많은 의미를 지니게 된다.

아래의 질문에 답하면서 숫자를 어떻게 비교할 수 있는지를 연습해 보기를 바란다.

① 지난 1년 동안 당신의 몸무게 변화 추이는 어떻습니까?

② 자사와 경쟁사의 연간 매출액은 대략 어느 정도입니까?

100만 원은 큰돈인가, 작은 돈인가?

숫자 센스는 숫자를 올바르게 파악함으로써 다양한 사물과 현상의 동향을 알고, 거기서 도출되는 미래를 예측하는 힘이다. 하지만 누구나 개인적인 숫자 감각이 다르기 때문에 때때로 오류가 생기고 숫자 센스가 저해된다. 이 글에서는 이 같은 함정에 빠지지 않기 위한 대책을 살펴보고자 한다.

숫자를 주관적으로 판단하지 않는다

사람은 숫자를 주관적으로 평가한다. 명품 브랜드들은 그 점을 잘 이용한다. 초고가 시계 롤렉스를 단 1만 엔으로 살 수 있다면, 롤렉스가 가진 상징적 가치는 사라진다.

경제학은 품질과 서비스가 동일하면 가격이 저렴할수록 잘 팔린다고 하지만, 반드시 그렇지만은 않다. 경제학에서 전제로 삼는 완전 경쟁 상태도, 언제나 합리적으로 판단할 수 있는 소비자도 현실에는 존재하지 않기 때문이다. 사람의 판단에는 반드시 주관이 개입된다.

숫자에 대한 감성을 연마한다

숫자 감각은 사람마다 천차만별이다. 10만 엔짜리 프라다 가방을 저렴하다고 생각하는 사람이 있는 반면, 비싸다고 생각하는 사람이 있는 것과 같다. 이런 숫자 감각 차이는 어디에서 비롯될까?

평소 무엇을 보느냐가 숫자 감각을 결정한다. 언제나 값비싼 물건들 위주로 구매하는 사람과 쇼핑을 거의 하지 않는 사람은 숫자에 대한 감각이 다를 수밖에 없다. 따라서 더 객관적인 숫자 감각을 지니기 위해서는 평소 다양한 것을 많이 보는 수밖에 없다. 거리에 나가 숫자에 주의를 기울이며 사물을 접해야 한다. 그리고 자신이 가진 상식과 비교해서 비싼지 싼지, 많은지 적은지를 항상 생각하는 버릇을 들여야 한다.

우리 주위에는 숫자에 대한 객관적인 감각을 무디게 만드는 마케팅이 많다. '3켤레에 1만 원인 양말', '10 + 1' 같은 광고 문구에 혹해 필요하지 않은 소비를 한 적 있는가? '숫자를 보여주는 법'을 교묘하게 이용한 마케팅이다.

중요도를 통해 숫자를 판단한다

가격뿐만이 아니다. 기업의 실적 발표 자리에서는 부문별, 상품별 달성률이 ○○%의 형태로 표시된다. 여기서 눈여겨봐야 할 점은 중요한 부문의 달성률이 높아졌는지다.

수익에 임팩트가 별로 없는 부문의 달성률이 아무리 높아도, 주요 부문과 주력 상품의 달성률이 낮으면 심각한 문제다. 반대로 주요 부문과 상품의 달성률이 어느 정도 괜찮다면, 그리 중요하지 않은 부문의 달성률이 낮아도 심각한 문제는 아니다.

퍼센트로만 판단하면 무엇이 중요하고 중요하지 않은지와 상관없이 해석하게 된다. 하지만 중요도에 따라 퍼센트의 영향력이 달라진다. 이처럼 숫자는 절대치에 중요도를 가미해 파악하지 않으면 잘못된 해석을 할 수 있다.

감정을 배제하고 해석한다

사람은 자신의 일이라면 아주 사소한 것도 확대해 생각한다. 마찬가지로 자신이 아끼는 부하 직원이나 자녀의 성적에 더 관심이 간다. 감정이 개입함으로써 선입견이 생기고 시선이 달라진다. 감정 외에도 숫자를 보여주는 방식, 상식, 확신이 모두 선입견의 원인이 될 수 있다.

숫자를 판단하기 위해서는 객관적으로 무엇이 중요한지를 알아야 한다. 하지만 역시나 주관이 개입하기 쉽다. 이 점을 항시 의식하고 있어야 한다.

숫자와 절친한 사이가 되어라

일상생활에서도 숫자 센스를 단련할 수 있다. 이미 숫자 센스를 가지고 있는 사람이라면 자연스럽게 행하고 있을 것이다.

신문의 도입부를 읽고 관심의 폭을 넓힌다

숫자 센스의 열쇠는 관심이다. 관심이 없으면 아무리 열심히 봐도 아무것도 보이지 않는다.

관심의 폭을 넓히기 위해 내가 가장 추천하는 방법은 관심이 있든 없든 신문 1면의 첫머리 기사와 큰 기사의 도입부라도 반드시 읽는 것이다(온라인 기사라면 각 페이지 첫 기사의 몇 단락이라도 읽어라). 이것은 일종의 훈련이다. 훈련을 통하면 관심의 고리가 생기고, 고리에 다양한 정보가 걸리게 된다. 그 속에서 눈에 들어오는 숫자를 메모해 두면, 나중에 도움이 된다.

항상 숫자로 사고한다

숫자 센스는 목표 달성력을 길러주는 힘이기도 하다. '이번 달에는 얼마를 판매할 것인가?', '하루에 거래처 몇 군데를 방문할 것인가?' 하고 구체적인 숫자를 떠올리지 않고서는 목표를 달성할 수 없다.

언제나 숫자로 생각하자. 회의나 프레젠테이션에서 질문할 때도 마찬가지다. 숫자는 설득력을 만든다. 사람들이 가장 어려워하는 비즈니스 스킬 중 하나인 '프레젠테이션'을 잘하는 사람은 숫자를 적절히 잘 사용한다. 프레젠테이션에서는 정확한 숫자가 제시될 때 단숨에 설득력이 생긴다. 또한 듣는 사람의 인상에도 깊게 남는다.

검산한다

숫자에 약한 사람은 자신의 계산이 맞는지 다시 확인하지 않는다. 즉, 검산하지 않는다. 실제로 잠깐만 검산해 봐도 금세 알 수 있는 단순한 실수를 그대로 내버려두는 자료들이 흔하다. 숫자를 다루는 경리부나 영업 관리 부서에서조차 검산을 하지 않아 종종 문제가 발생한다.

그러다 보니 중요한 회의 자료에 말도 안 되게 틀린 숫자가 기재된 경우도 다반사다. 이런 실수를 막기 위해서라도 검산은 필수다. 계산한 값을 다른 방법으로 한 번 더 계산해 확인하면 논리적 사고력도 함께 높아진다. 숫자에 대한 감도(感度)

도 눈에 띄게 좋아진다.

경제 신문을 본다

나는 매주 닛케이(일본 경제 신문 니혼케이자이신문을 줄여 부르는 말-옮긴이)를 읽는다. 숫자 훈련을 하고 싶다면 경제 신문의 '경제 지표'는 매주 훑어보기를 권한다. 거기에서 경제의 대부분을 알 수 있다.

GDP와 법인 기업 통계는 석 달에 한 번씩 올라오지만, 현금 급여 총액과 소비자 물가지수, 머니터리 베이스(자금 공급량-옮긴이)와 M3(통화량의 대표지수) 등, 매달 달라지는 숫자도 많다. 경제 신문에서는 업데이트되는 숫자를 반드시 다루기 때문에 경제 신문을 읽어야 한다.

GDP의 흐름을 살피면 어느 순간엔 '정부에서 소비세 인상을 어떻게 할까?'까지 생각이 발전하게 된다.

정기적으로 숫자를 체크한다

특정한 날, 통계치를 확인하는 습관도 추천한다.

확인하면 좋은 숫자(2023년, 한국 기준)
- 1월 1일: 전년도 출생아 수(23만 5039명)
- 어린이날: 0~14세 어린이의 수(571만 명)
- 노인의 날: 65세 이상 인구의 비율(47.7%)

이 숫자들은 그날의 신문에 나와 있다. 그 외에도 GDP 발표일(분기가 끝나고 약 한달 반 후)도 통계청 홈페이지 등에서 열람할 수 있으니, 시기만 알아두면 통계를 체크할 수 있다(물론 신문과 뉴스에도 나온다. 일단 관심을 가지면 어떻게든 보이고 들린다).

계속 공부한다

기본적인 정보는 신문과 인터넷 등을 통해 얻을 수 있다. 하지만 GDP의 구성 요소, 특별회계와 일반회계의 구조, 마이너스 금리가 시장에 미치는 영향, 재무상태표 읽는 법은 나오지 않는다.

일상생활과 업무 속에서는 좀처럼 배우기 힘든 기초 지식은 일주일에 1시간이라도 좋으니 시간을 들여 공부해야 한다. 단 1시간만으로도 이해력이 급속하게 또 지속적으로 높아진다.

인생은 평생 공부하는 여정이라고 했다. 매일 공부하는 습관이 생기면 인생을 더 충실하게 잘 즐길 수 있다. 자연스럽게 일적으로도 실력과 평가가 높아진다.

평생 써먹을 수 있는 회계 기본기

여기서부터는 일을 잘하는 직장인이 되기 위한 필수 항목 '회계' 숫자 보는 법을 설명하겠다. 회계라니. 말만 들어도 엄두가 안 난다고? 하지만 회계에 관한 기초 지식은 한 번 배워두면 평생 써먹을 수 있는 강력한 무기다. 회계의 기본만 알아도 기업과 세상을 보는 눈이 달라지고, 시야가 넓어진다.

재무3표의 개념

회계의 기초 지식은 아래의 3가지 재무제표(재무3표)를 읽을 수 있게 되는 것이다. 먼저, 3표에서 사용되는 용어의 의미를 알아야 숫자를 읽을 수 있다.

① **재무상태표**(BS=Balance Sheet)

② 손익계산서(PL=Profit and Loss Statement)

③ 현금흐름표(CS=Cash flow Statement)

재무3표의 목적

그럼 각각의 재무제표로 무엇을 알 수 있을까?

① 재무상태표: 회사의 안전성

② 손익계산서: 회사의 회계상 수익

주의할 점은 손익계산서에서 언급된 수익은 회계상의 개념이라는 것이다. 다시 말해, 수익으로 표기되는 금액이 현실에 현금으로 존재하진 않는다. 실제로 회계상으로는 회사에 수익이 났더라도, 돈이 돌지 않으면 망한다(흑자 도산). 반대로 회계상으로는 큰 적자일지라도, 돈이 도는 한 망하지 않는다(현재 일본 정부의 상황이다). 즉, 망하느냐 마느냐는 자금 융통이 되는지 안 되는지에 달려 있다.

그래서 추가된 것이 세 번째 재무제표인 현금흐름표다. 현금흐름표는 돈이 어디서 늘고 줄었는지를 보여준다.

③ 현금흐름표: 일정 기간 동안의 돈의 흐름

이 회사는 괜찮은 회사일까

재무상태표를 볼 수 있으면 회사의 안정성을 알 수 있다.

재무상태표 보는 법

재무상태표(p.48)는 돈의 사용처와 그 돈의 조달원을 대조시킨 것으로, 왼쪽이 '자산부'이고 오른쪽이 '부채와 순자산(자본)부'가 된다. 그리고 왼쪽(자산 총계)과 오른쪽(부채 및 자본총계)이 일치한다(그래서 밸런스 시트라고도 한다). 표면적으로는 수익이 나고 있는 것처럼 보여도, 가지고 있는 돈(자산)보다 차입금(부채)이 훨씬 많다면 이 회사는 위험하다. 반대로 당장은 어려워 보여도 부채보다 현금이 훨씬 많다면 어떻게든 위기를 넘길 수 있다.

재무상태표에서는 회사의 단기적 및 중장기적인 안전성을

볼 수 있다.

재무상태표

자산부		부채 및 순자산부	
	당좌자산 현금, 현금성자산 등		
유동자산	**매출채권** 외상매출금, 받을어음 등	**유동부채**	외상매입금 예수금 단기차입금 미지급금 등
	재고자산 상품, 원재료 등		
	기타 선급금, 단기대부금 등		
	유형자산 토지, 건물, 기계, 차량 등		
비 유동자산	**무형자산** 영업권, 개발비, 산업재산권 등	**비 유동부채**	장기차입금 등
	투자자산 단기매매금융자산, 투자유가증권 등		
	이연자산, 창립비 등	**순자산**	자본금 자본잉여금 이익잉여금 등

원칙적으로 1년 이내에 현금화할 수 있는 것

현금화에 1년 이상 걸리는 것

1년 이내에 상환해야 하는 부채

1년 넘게 빌려 쓰고 있는 부채

상환하지 않아도 되는 것

◄─── 돈을 어디에 쓰고 있는가? ───► ◄─── 돈을 어떻게 조달하고 있는가? ───►

부채와 순자산의 의미

표를 보고 왜 순자산이 부채와 같은 곳에 들어가는지 의아한 사람도 있을 것이다. 그 이유는 간단하다. 부채와 순자산 모두 자금의 조달원이기 때문이다.

- **부채: 갚아야 하는 돈**
- **순자산: 갚지 않아도 되는 돈**

대표적인 순자산은 물론 자본금이다. 자본금이란 주주가 주식을 매수하는 형태로 제공하는 돈으로, 요컨대 주주들로부터 맡아놓은 돈이다. 빌리는 행위와 비슷하지만 설사 전부 없어진다 해도 갚지 않아도 되는 돈이다.

또한 순자산에는 이익잉여금이라는 게 있다. 회사가 매년 내온 누적 이익이므로, 빌린 돈은 아니다. 따라서 이렇게 생각하면 좋다.

- **자산부: 돈이 나가는 곳**
- **부채 및 순자산부: 돈을 조달하는 곳**

자산의 의미

그럼 재무상태표 자산부의 자산 내역을 살펴보자. 자산부는 유동자산과 비유동(고정)자산으로 나누어져 있다. 유동자산은 말 그대로 유동성이 있는 것으로, 사용할 수 있는 자산이다. 유동자산의 대표적인 예로는 현금이 있다. 즉시 해약해서 현금화할 수 있는 예금도 포함된다. 매출채권과 재고자산도 금방 회수해서 사용할 수 있는 유동자산이다.

여기서 말하는 '금방'은 어느 정도의 시간일까? 회계상으로는 통상 1년(정확하게는 통상적인 영업 순환 기간 내)으로 보고 있다. 따라서 비유동자산은 1년 이상에 걸쳐 사용할 예정인 자산, 혹은 현금화하는 데 1년 이상 걸리는 자산이라고 보면 된다. 토지, 건물, 기계 혹은 1년 이상 지속하는 투자 등이 비유동자산에 해당된다.

유동자산의 내역은 유동성이 높은 순으로 나열되어 있다. 일반적으로 외상매출금이 현금 다음으로 환금하기 쉽다. 회사 간 매매에서는 통상적으로 매출이 발생한 달의 보름에서 반년 후 정도까지 지불이 이루어진다. 따라서 매출은 발생했지만 아직 입금되지 않은 돈이 있게 마련이고, 이것을 외상매출금이라고 부른다. 외상매출금을 어음으로 받은 것이 받을어음이다.

또한 재고자산(만들거나 매입해 놓았지만 아직 팔리지 않은 상품과 원재료)도 팔린 만큼 계속해서 돈이 들어오기 때문에 유동자산이다.

부채의 의미

재무상태표의 부채 및 순자산부에 대해 살펴보자. 유동부채란 1년 이내에 갚아야 하는 돈, 비유동부채는 1년 이상 빌려 쓸 수 있는 돈이다. 대표적인 유동부채는 대개 외상매입금이다. 외상매입금은 매입했지만, 청구서에 지정된 기일까지 지불하면 되기 때문에 아직 지불하지 않은 돈을 말한다. 거기에 어음이 발행하면 지급어음이 되며, 그 뒤를 잇는 것이 단기차입금이다. 대표적인 비유동부채는 보통 회사채(기업이 장기자금을 조달하기 위해 발행하는 채권), 은행에서 빌린 장기차입금이다.

이처럼 재무상태표에서는 회사의 안정성이 보인다. 재무상태표로 쉽고 빠르게 회사를 파악하는 방법은 아래와 같다.

① 유동부채보다 유동자산이 많은지 비교한다.

② 자산 대비 순자산의 비율을 본다(자기자본비율).

③ 현금 및 현금성자산과 손익계산서의 매출액을 비교한다(현금 유동성이 월 매출의 몇 배인가).

이 3가지를 볼 수 있게 되면 그 회사가 좋은 회사인지 아닌지 보인다.

한눈에 경영 성과를 확인하다

손익계산서는 영어로 Profit and Loss Statement, 줄여서 PL이라고도 한다. 이름 그대로 매출과 비용, 그 차액인 이익을 단계적으로 나타낸 것이다.

매출액과 매출원가를 본다

손익계산서의 주요 목적은 회사가 회계상 얼마를 벌고 있는지 보는 것이다. 손익계산서를 통해 회사를 판단하는 몇 가지 포인트가 있지만, 그중에서도 가장 중요한 2가지가 있다.

① 전년도 대비 매출액의 증가 혹은 감소 추이
② 원가율의 증감 여부와 그 수준

5가지 이익에 주목한다

손익계산서를 볼 때는 이익에 5가지가 있다는 점을 알아두어야 한다.

① 매출총이익(마진): 매출수익(매출액)에서 매출원가를 뺀 금액이다.

② 영업이익: 매출총이익에서 판관비(판매비, 일반관리비)를 뺀 금액이다. 판관비는 인건비와 사무실 임차료, 전기세와 난방비, 교통비, 창고운임, 통신비, 광고선전비, 회의비, 교제비 등 매출원가에 포함되지 않는 거의 모든 경비다.

③ 경상이익: 영업이익에 영업외수익을 더하고 영업외비용을 공제해 계산한 금액이다.

④ 세전순이익: '경상이익+특별이익(토지매각익 등)—특별손실(손해배상 등)'로, 법인세 차감 전 순이익이다.

⑤ 당기순이익: 세전순이익에서 법인세 등의 세금을 조정한 것으로 회사의 당기이익, 즉 순이익이다.

이 5가지가 주주에게 귀속되는 이익이다. 이익은 재무상태표 순자산부의 이익잉여금에 들어가고, 여기서 주주에 대한 배당이 이루어진다.

돈의 실제 흐름이 보인다

흑자 도산이라는 말을 알고 있는가? 회계상으로는 이익이 났지만, 돈이 돌지 않아 회사가 망하는 현상이다. 흑자 도산은 회계상의 이익과 실제 현금의 증감이 달라서 발생한다. 바로 그때 현금흐름표가 등장한다.

돈의 실제 흐름(어디서 늘고 줄었는가)을 보는 현금흐름표는 3가지 섹션으로 나누어 표시된다.

영업 활동에 의한 현금 흐름

통상적인 사업으로 어느 정도의 현금을 벌고 손해를 입고 있는지 알 수 있다.

투자 활동에 의한 현금 흐름

얼마만큼의 돈을 투자에 사용하고 투자금을 회수하고 있는지 알 수 있다.

재무 활동에 의한 현금 흐름

차입이나 주식 발행 등에 의한 돈의 조달과 변제, 자사주 매입과 배당 등의 주주 환원을 위한 돈의 움직임을 알 수 있다.

이를 테면 영업활동현금흐름으로 벌어 투자활동현금흐름에서 사용하고, 그 마지막 조정과 배당을 재무활동현금흐름에서 행하고 있는 것이다. 여기서 중요한 점은 영업활동현금흐름에서 얼마를 벌고 있느냐다. 개인적으로는 매출액의 7% 이상이면 된다고 판단하고 있다.

이런 포인트를 체크할 수 있으면 현금흐름표를 읽을 수 있게 된다. 재무제표 읽는 법을 어느 정도 이해했다면 익숙해져야 한다. 자사와 관심 있는 회사의 재무제표를 많이 보기를 권한다. 공부도 되겠지만 재무제표를 본 경험이 힘이 된다.

2장

(발견 센스)

눈 뜬 장님에서 벗어나라

!

길을 걷다가도 5만 원을 줍는 법

발견 센스는 사물을 보는 힘이다. 같은 걸 보고도 다른 걸 발견해 자신만의 가치를 창조하는 사람이 있다. 하지만 유감스럽게도 한 번 못 보는 사람은 아무리 노력해도 못 본다. 발견 센스를 키우기 위해 명심할 4가지 원칙이 있다.

의식하면 사물이 보인다

편의점 세븐일레븐을 모르는 사람은 없다. 하지만 '7-ELEVEn'의 마지막 글자 n이 소문자라는 사실을 눈치 챈 사람은 드물다. 누구나 편의점을 이용하지만 로고에 관심을 가지진 않는다. 하지만 세븐일레븐 로고의 특이점을 알게 된 이상, 앞으로는 로고에 눈이 갈 것이다. 나는 여기서 로고를 잘 보라는 이야기를 하고 있는 게 아니다. 의식해야 사물이 보인다는 말을 하고 있는 것이다.

고정 관념은 사물을 가린다

길거리에서 고액의 지폐를 주운 적이 있는가? 나는 종종 돈을 줍는다. 동전이 아닌 고액권을 주운 적도 여러 번이고, 1만 엔을 주운 적도 몇 차례 있다. 고액권은 물론이고 돈을 주워본 적이 없는 사람과 나의 차이는 무엇일까? 당연히 운은 아니다. 사실 돈은 여기저기에 생각보다 많이 떨어져 있다. 다만 돈이 길바닥에 떨어져 있을 리 없다는 고정 관념에 사로잡혀 보지 못할 뿐이다.

사람은 자신에게 필요한 것만 본다

세븐일레븐은 그곳이 세븐일레븐이라는 사실만 인식하고 들어가면 되기 때문에 로고의 마지막 글자가 대문자든 소문자든 별로 중요하지 않다. 사람은 어쩔 수 없이 관심 있는 정보, 필요한 것만 보게 만들어져 있다.

예를 하나 들어보자. 지금 당신이 손목에 차고 있는 손목시계를 보지 않고 그려봐라(손목시계가 없다면 탁상시계나 벽시계도 괜찮다). 문자반과 바늘이 어떤 모양인가? 자, 이제 손목시계를 보고 정답을 확인해라. 단언컨대 의외로 모호하게 기억하고 있었을 것이다.

여기서 다시 질문이다. 손목시계를 보지 말고 지금이 몇 시

몇 분인지 맞혀봐라. 이 질문에 대답할 수 있는 사람은 많지 않다. 조금 전, 시계를 확인할 때 모양과 디자인은 봤지만 시간은 보지 않았기 때문이다. 사람은 눈에 들어오는 사물을 선택적으로 보며, 보려고 마음먹은 것만이 보인다.

정말 필요한 것을 안 볼 때도 많다

사람이 살아가려면 필요한 것만 취사선택해 봐야 한다. 모든 정보를 수집하고 분석한다면 들어오는 정보량이 과해져 감당할 수 없다.

보려고 마음먹은 것만 보인다는 말은 곧 보려 하지 않으면 안 보인다는 뜻이다. 수박 겉핥기로만 보면서 본인이 충분히 잘 보고 있다고 착각하는 사람들이 많다. 그러나 사실 그들은 표면만 볼뿐 그 이상은 못 본다.

전문가는 해당 분야에 있어 일반인보다 더 많은 것을 본다. 보면 볼수록 보고 싶은 것, 보고자 하는 것이 늘어나기 때문이다. 사물에는 깊이가 있다. 깊은 곳을 볼 수 있다면 그 너머에 보지 못한 게 더 많음을 알게 된다.

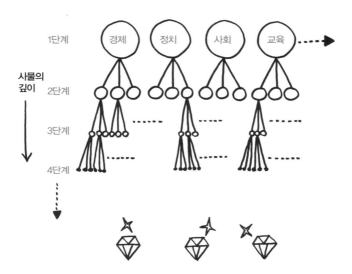

사물을 깊이 볼수록 보지 못한 게 있음을 깨닫는다.

일센스가 높은 사람의 돋보기

발견력의 4원칙을 익혔으면 사물이 보이는 4가지 스텝을 익혀야 한다. '관심→의문→가설→검증'이다

관심

좋아하는 사람이 있으면 상대방의 사소한 습관, 취향도 자세히 보인다. 반대로 관심이 없는 사람이라면 저 사람이 무엇을 입었는지, 뭘 하고 있는지 모른다. 따라서 사물을 보려면 관심을 가져야 한다. 신문, 인터넷, TV 등의 뉴스와 화제에 주의를 기울여야 한다. 훈련하듯이 관심을 쏟으면 관심의 서랍이 늘어난다. 그다음엔 다른 관심사와 관련지을 수 있는지 생각해 본다. 여기에도 의식적인 훈련이 필요하다.

의문

다양한 관심사를 획득했다면 '어? 어쩌다 이렇게 된 거지?' 등의 의문을 가져야 한다.

- 저출생·고령화 사회라기에 몇몇 기업이 간병 보험 도입에 맞추어 간병 사업에 뛰어들었다. 기대와 달리 간병 사업에선 수익이 나지 않았고, 오히려 보습 학원(보충 수업 학원)이 호황이었다. 그 이유는 무엇일까?
- 동물원의 관람객 수는 일반적으로 지역 시장의 크기에 비례한다. 그런데 도쿄의 우에노 동물원보다 홋카이도의 아사히야마 동물원의 관람객이 더 많은 이유는 무엇일까?

관심사에 '왜'를 붙였을 뿐인데 단순한 사실 이상을 탐구할 수 있게 된다.

가설

의문을 가졌다면 그 이유(답)에 관한 가설을 세워야 한다. 가설은 기준이다. 기준을 가지고 관심 대상을 보면 더 명확히 볼 수 있다. 올바른 가설을 가지면 눈썰미가 생긴다. 그 기준과 가설이 우리의 발견 센스를 결정한다.

간병 사업은 참여 기업도 많고, 공적 보험이라 가격이 정해져 있기 때문에 수익이 나지 않는다. 보습 학원은 시장이 축소

되고 있지만 그로 인해 신규 참여가 적고, 동시에 저출생으로 1인당 단가가 높아져 수익이 난다.

아사히야마 동물원은 동물의 자연 생태를 볼 수 있는 행동 전시 등 다양한 행사를 진행한다. 우에노 동물원뿐만 아니라 일반 동물원에 없는 감동을 만들어, 최대 월간 관람객을 기록했다.

여러 분야에 관심을 가지고 관련성을 찾았을 때 보이는 경향이 바로 가설이다. 예를 들어 '러시아의 우크라이나 침공과 관련해 중국은 타이완에 어떤 제스처를 취할 것인가?', 그리고 '그에 대해 자국은 어떻게 대처해야 하는가?' 등이다. 혹은 어떤 과제에 대해 해결 방법을 논리적으로 생각해 본 후에 나온 결론을 가설로 삼을 수도 있다. 방법이 어떻든 가설은 관심을 통해 의문을 갖는 데서 시작된다.

검증

가설을 세웠다면 그 가설이 맞는지를 관찰하고 검증해야 한다. 간병 사업·보습 학원 시장의 경우라면 통계를 살펴보고, 아사히야마 동물원이라면 직접 찾아가거나 가본 사람에게 자신의 가설을 확인해 보는 것도 좋다.

그러면 설령 자신의 가설이 성립하지 않는다는 걸 알게 되어도, 그 과정에서 전과 다른 시점으로 사물을 보게 된다. 다양한 시점에서 살펴보는 과정을 통해 사물이 보이게 된다.

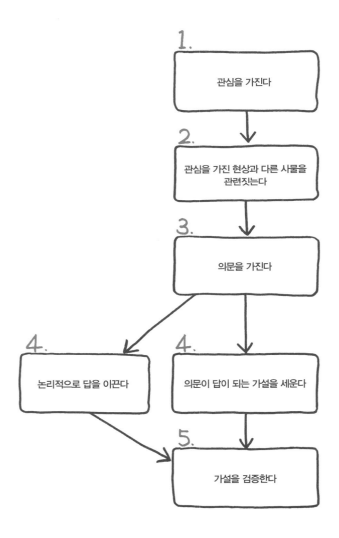

1.
관심을 가진다

2.
관심을 가진 현상과 다른 사물을
관련짓는다

3.
의문을 가진다

4.
논리적으로 답을 이끈다

4.
의문이 답이 되는 가설을 세운다

5.
가설을 검증한다

그 많던 ○○은 어디로 가버렸을까

사물이 보이는 4가지 스텝(관심→의문→가설→검증)에서도 특히 가설 세우기가 중요하다. 그에 대해 자세히 설명해 보겠다.

분해해서 핵심을 압축한다

적절한 가설이 있으면 사물이 명확하게 보인다. 즉, 사물의 차이와 유사점, 인과관계와 관련성을 알게 된다. 하지만 가설이 없으면, 사물의 존재는 알아차릴 수 있어도 그 이상은 보이지 않는다. 올바른 가설을 세울 수 있어야 사물을 제대로 볼 수 있다.

올바른 가설을 세우기 위해서는 분해해서 핵심을 압축해야 한다. 관심을 가져야 할 대상을 압축하면 사물이 더 잘 보인다.

의류 업계 종사자는 사람들의 옷차림을 유심히 봐야 한다.

하지만 모든 사람을 보려면 범위가 지나치게 넓어져 가설 세우기가 힘들어진다. 따라서 올바른 가설을 만들기 위해 대상을 좁힌다. '젊은 여성들은 어떤 색상의 옷을 많이 입을까?' 등으로 범위를 좁히면 체크하기 편해진다.

사물이 안 보이고, 관심도 안 생기는 이유는 핵심이 없기 때문이다. 사물을 분해해 핵심을 명확하게 파악할 수 있으면 그것만으로도 많은 것을 볼 수 있다. 초심자에게 특히 유용한 방법이다.

가설이 있으면 사물이 명확하게 보인다.

전체를 알 수 있는 하나의 점을 찾는다

나는 경영 컨설턴트라는 직업 때문에 종종 공장을 둘러보러 간다. 당연히 나는 제조에 대해 알지 못하므로 기계나 설비를 봐도 잘 모른다. 대신 '바닥이 깨끗한 공장은 일단 괜찮다.'는 나만의 가설을 바탕으로 바닥을 본다.

살짝 지저분해도 제조에는 별 탈이 없다. 그런 이유에서 공장 청소는 언제나 뒷전이 된다. 그래서 프로세스의 마지막에 위치한 바닥 청소가 잘되어 있으면 프로세스가 잘 행해지고 있을 거라고 생각한 것이다. 실제로 많은 공장을 둘러보는 동안, 내 가설이 옳다는 사실을 검증했다. 이처럼 어느 한 점을 봄으로써 전체를 알 수 있는 가설을 세울 수 있다면, 사물을 보는 눈이 크게 발전한다.

사라진 것, 없어진 것에 주목한다

가설을 세우기 위한 또 하나의 기술은 사라진 것, 없어진 것에 주목하는 것이다. 사람은 새로운 것은 금방 알아차린다. 하지만 무엇이 사라졌는지는 잘 모른다. 문자 그대로 안 보이기 때문이다.

눈앞에 안 보이는 것도 관심을 가지면 보이게 된다. 이를 응용하면 TV 광고를 통해서도 기업의 흥망성쇠를 알 수 있다. 새롭고 강렬한 광고에 눈길을 빼앗기는 대신, 사라진 광고를 찾는 것이다. 사라짐을 통해 업계의 쇠퇴를 짐작할 수도 있다.

더하여 새로운 정보도 추출할 수 있다. 최근에는 유튜브의 약진에 따른 TV의 침체로, 광고를 내보내는 기업의 종류와 규모가 크게 달라졌다. 이렇게 사라진 것을 주목하면 다른 각도에서도 사물이 보인다.

주의할 점도 있다. 앞서 나는 "전체를 알 수 있는 하나의 점을 찾는다."고 했다. 이 말을 뒤집으면 '하나의 점'을 잘못 잡으면 사물을 완전히 잘못 보게 될 수도 있음을 의미한다. 나 또한 사회 초년생일 때는 번쩍이는 롤렉스 시계를 차고 큰소리를 치는 사장의 회사가 돈을 잘 버는 줄 알았다. 시간이 흐르고 난 뒤에야 값비싼 롤렉스 시계는 회사의 실적을 나타내는 '하나의 점'이 아니라, 상대방의 그릇된 확신을 유도하는 '레테르(Letter)'였음을 깨달았다.

라벨 효과라고도 불리는 레테르 효과는 상품에 라벨을 붙이듯 상대방에게 자신이 기대하는 바를 주입시키는 것이다 (ex. 당신은 ○○한 사람이군요). 가설은 잘못된 라벨이 되기 쉬워서 사물의 진실을 가린다. 이 전제가 과연 올바른 것인지 의심하는 습관이 필요하다.

숨은 좋은 회사 찾기

.

좋은 회사를 알아보는 방법엔 4가지가 있다.

좋은 회사 구분하기

① 직원들이 고객을 낮잡아 부르는 회사는 안 좋은 회사다. 좋은 회사는 직급에 상관없이 회의석상과 매뉴얼에서 고객을 존중한다.

② 고객에게서 전화가 걸려왔을 때 회의 중이라는 이유로 받지 않는 회사는 안 좋은 회사다. 회사의 매출은 회의가 아니라 고객에서 나온다.

③ 안내 데스크에 전화기만 둔 회사, 방문한 고객에게 대뜸 "약속하셨습니까?"라고 거리감을 만드는 회사는 안 좋은 회사다.

내가 '안 좋다.'고 말한 회사는 모두 고객보다 회사를 우선시한다. 나는 '좋은 회사는 고객 지향적이다.'라는 가설에 입각해 회사를 바라본다.

이익을 내고 있는 레스토랑 알아보기

처음 간 레스토랑이 이익을 내고 있는지 알아보기 위해서는 이 점을 눈여겨보면 된다. '일하는 사람의 움직임이 멈춰 있는 레스토랑은 수익을 내지 못한다.' 일반적으로 요식업의 원가는 36% 정도가 한계로 알려져 있다. 특히 체인점은 이 원가를 지키지 않으면 이익을 낼 수 없다. 원가에 인건비가 더해져 부담이 가중되는 것이 레스토랑의 비용 구조다. 그런데 점심시간처럼 바쁜 시간대에 종업원이 움직이지 않고 가만히 서 있다면 일할 사람이 많은 상태, 즉 인건비가 과중하게 나가는 상태라고 추측할 수 있다.

회사의 매출 추측하기

재무제표를 보지 않고 매출을 아는 방법도 있다. 동종 업계라면 직원 수를 통해 대략적인 매출을 추측할 수 있다. 업계별 마진율(매출 마이너스 원가의 비율)이 거의 정해져 있기 때문이다.

대도시 중소기업이 연간 1인당 1000만 엔 정도의 마진을 내고 있다면 이익이 나고 있다고 할 수 있다. 지방은 업종에 따라 다르지만 700만 엔 정도다. 대기업이라면 1500만에서 2000만 엔 정도가 아니면 유지할 수 없다.

원가율을 가령 30%라고 가정할 때 마진은 70%다. 이를 1인당 700만 엔이라고 하면, 매출은 1인당 1000만 엔이다. 거기에 직원 수를 곱하면 매출액을 알 수 있다.

마진의 몇 퍼센트를 인건비로 쓰는지가 노동분배율이다. 평균적으론 절반 정도를 인건비로 사용한다. 어떤 업종이든 1인당 1000만 엔의 마진을 내지 못하면, 정상적인 월급을 못 주고 있다는 의미가 된다.

마진이 적은 회사는 매출이 크게 올라도 월급이 적다. 경우에 따라서는 마진율이 20% 이하인 업계도 있다.

1초 만에 재무제표 보기

재무제표 보는 법을 설명한 책이 팔리는 이유는 간단하다. 숫자가 공개되어 있어도 사람들이 그 숫자를 읽지 못해서다. 기업의 상태가 좋은지 나쁜지를 판단하지 못하기 때문에 재무제표 보는 법에 관한 책을 산다.

하지만 방법만 살짝 알아도 쉽고 빠르게 재무제표를 읽을 수 있다. 물론 올바른 가설을 세워야 한다.

예를 들어, 자금 사정이 어려운 회사의 대표가 찾아오면 나는 재무제표는 보지 않는다. 질문할 내용은 정해져 있다(보유한 현금 및 당장 현금화할 수 있는 유가증권은 월 매출액 기준 몇 달분이 있습니까?).

중소기업 기준, 보유 현금이 월 매출액의 한 달분 이하라면 자산을 처분해서라도, 은행에 빌어서라도 반드시 돈을 마련해야 한다. 돈이 떨어지면 어쩔 수 없이 회사는 망한다. 결산자료가 적자든 흑자든 지불해야 할 돈을 기일에 지불하지 못하면 회사는 도산한다.

안정적인 회사라면 재무제표를 보여달라고 한다. 딱 1초만 재무제표를 볼 수 있다면, 재무상태표의 유동자산과 유동부채의 비율을 본다. 유동부채가 유동자산보다 많은지 적은지만 보면 된다. 회사는 보통 1년 이내에 상환해야 하는 유동부채를 상환하지 못해 망하기 때문이다. 유동부채가 많아도 그것을 웃도는 유동자산이 있으면 당장은 어떻게든 버틸 수 있다.

깊이 알수록 멀리 볼 수 있다

발견 센스는 공부법과도 맞닿아 있다. 남보다 조금만 더 공부하면 사물을 보는 눈이 완전히 달라진다.

근간이 되는 부분부터 생각한다

사물을 제대로 보기 위해서는 그 바탕이나 중심이 되는 것을 파헤쳐야 한다. 경제와 경영을 알려면 본질을 탐구하고 전체 그림을 보는 법을 공부해야 한다.

머리로 단련하면 될 일이다. 하지만 머리를 단련하기 전에 기억력으로 승부를 내려 하므로 본질을 보지 못한다. 시험 문제의 답은 알아도 본질은 모른다. 반대로 말하면, 깊이 생각하는 습관을 들이면 저절로 사물이 보인다.

도구를 자유롭게 다룬다

공부의 또 다른 방향은 도구를 활용하는 기술을 익히는 것이다. 기술이 있으면 사물이 잘 보인다. 기술에서 힌트를 얻기도 하고, 분해해서 생각하는 계기가 되기도 한다.

예를 들어, 경영 컨설턴트는 경영 분석에 관한 다양한 도구(기술)를 가지고 있기 때문에, 모르는 사람보다 더 많은 것을 볼 수 있다. 그중 하나가 프로덕트 포트폴리오 매니지먼트(PPM)다. 보스턴 컨설팅 그룹이 고안한 전략과 제품 분석 기법이다.

PPM에서는 세로축에 성장률을 놓고, 가로축에 시장점유율을 놓는다. 여기서 시장점유율은 왼쪽이 높고 오른쪽이 낮다는 점을 주의해야 한다. 점유율이 낮고 성장률이 높은 것은 '물음표(문제아)'로, 앞으로 어떻게 될지 알 수 없다. 점유율이 높고 성장률도 높은 것은 '스타', 점유율이 낮고 성장률도 낮은 것은 '싸움에 진 개', 점유율이 높고 성장률이 낮은 것은 '돈이 되는 나무'다.

시장에 신제품을 출시하는 시점에 기업은 대개 '물음표' 영역에 있다. 시장의 성장률은 높지만 아직 점유율을 가지고 있지 않기 때문이다. 진출에 성공하면 '스타'가 된다. 성장률 높은 시장에서 높은 점유율을 확보한다.

시장이 점차 성숙해지며 성장률이 둔화하기 시작하면서 다른 기업이 진입하지 않게 되므로, 광고·선전 등에 투자하지

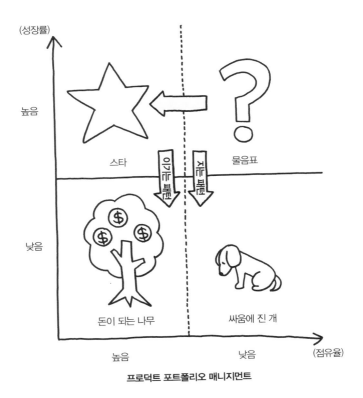

(성장률)

높음

스타

이동 투자

자금 투자

물음표

낮음

돈이 되는 나무

싸움에 진 개

높음

낮음

(점유율)

프로덕트 포트폴리오 매니지먼트

않아도 된다. 즉, '돈이 되는 나무'가 된다. 이때 '싸움에 진 개'
가 되면 사업을 철수해야 한다.

일례로 가오(일본의 생활용품 기업 – 옮긴이)는 장기적으로 사
랑받는 히트 상품을 잘 만든다. 상품의 씨앗인 '시드'를 '물음
표'에 투입해 그것을 '스타', '돈이 되는 나무'로 성장시킨다. 가

오는 독자 기술을 사용하는 경우가 많아 '돈이 되는 나무'를 쉽게 만든다.

또 다른 예로는 지속적으로 히트 상품을 내놓는 회사인 고바야시 제약을 들 수 있다. 고바야시 제약은 연간 60~70가지 아이디어를 상품화해 '물음표'로서 시장에 투입한다. 성공해서 '스타'가 되는 상품도 물론 있다. 고바야시 제약은 지속적으로 신제품을 투입해 '스타'를 만든다.

이처럼 기술이라는 도구를 가지고 있으면, 사물이 훨씬 잘 보인다.

지식을 축적해 결합한다

나는 법률학과 경영학을 전공했다. 하지만 마케팅이라는 벽에 부딪쳤을 때는 심리학을 공부해야 했다.

마케팅 이론은 '어떻게 하면 팔리는가?'이다. 이 이론을 이용하면 문제 해결에는 어느 정도 도움이 되지만, 이것만 공부한다고 상품이 팔리진 않는다.

그래서 나는 '사람은 왜 물건을 사는가?'라는 심리학적 접근으로 관점을 바꾸었다. 거기서 배운 것이 미국의 심리학자 매슬로가 만든 욕구 5단계다.

매슬로의 욕구 이론을 알게 되면서 마케팅 이론만으로는 보이지 않던 부분이 보이기 시작했다. 마케팅을 제대로 이해하기 위해 심리학을 공부한 덕분에 내 안의 서랍이 늘어난 것

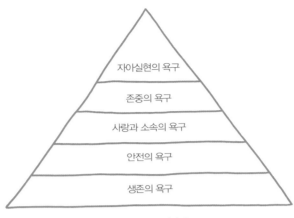

매슬로의 욕구 피라미드

이다. 덕분에 나는 고객들이 왜 그 상품을 원하는지, 어떤 상품을 원하는지를 알 수 있었다.

남보다 더 많이 보고 알고 싶다면, 남보다 더 많이 공부해 지식과 도구의 서랍을 늘리면 된다. 물론 공부에서 그친다면 그 지식은 서랍 안에서 먼지만 쌓일 것이다. 필요할 때 서랍을 몇 개나 열 수 있는지, 또 어떻게 조합해 쓸 수 있는지를 통해서 사물을 보는 시각의 폭과 깊이가 결정된다.

최적의 서랍을 잘 조합하기 위해 반드시 필요한 준비물은 해결책을 찾으려는 진지한 간절함이다.

평범함은 특별함의 어머니다

특별한 것만 보아서는 발견 센스를 단련할 수 없다. 오히려 일상을 얼마나 잘 관찰하는지가 사물을 보는 수준을 결정한다.

평범한 것을 많이 본다

폐에서 작은 종양이 발견되어 제거 수술을 받은 적 있다. 초기에 암을 치료할 수 있었던 이유는 정기 검진에서 CT 사진을 본 의사가 발견해 준 덕분이었다. 일반인이 보면 절대 알 수 없는 것을 의사는 알았다. 어떻게 바로 암인 걸 알았냐는 내 물음에 의사는 "노멀(정상)을 많이 보기 때문"이라고 답했다.

이것도 사물을 보는 방법이다. 경영 지표에서도 업계의 평균치를 알면 회사가 어떻게 굴러가는지 보인다. 의사도 이상(질병)만 본다면 발병 여부를 알 수 없겠지만, 노멀을 많이 보면 이상 여부를 알게 된다.

평범한 것과 비교한다

특별함을 알려면 평소 평범한 것을 많이 봐야 한다.

나리타 공항을 예로 들어보자. 해외 출장이 잦아 공항을 자주 이용한 덕분에, 나는 나리타 공항의 고객 중심적인 분위기를 알아차릴 수 있었다. 나리타 공항에서 짐 찾는 곳을 가보면 캐리어 손잡이가 모두 바깥쪽을 향해 있다. 하지만 이런 배려는 몹시 특수하다. 다른 공항에서는 손잡이가 안쪽을 향해 있는 것은 물론이고 캐리어가 컨베이어 벨트 아래로 떨어져 있는 경우도 있다. 하지만 나리타 공항은 고객을 배려해 의도적으로 손잡이 위치를 조정하고 있었다.

나리타 공항의 고객 중심적인 분위기도 나리타 공항만 가봤다면 알아차리지 못했을 사실이었다. 특별함과 대비되는 평범함을 많이 봐야 비로소 뛰어남의 가치가 보인다.

많이 봐야 많이 알 수 있다

문제 발견 능력은 발견 센스 중 하나다. 이 능력은 발상력, 기획력, 창의력과도 깊은 관련이 있기 때문에 문제 해결 능력 이상으로 훈련이 필요하다.

문제 해결 경험을 쌓는다

문제 해결 능력은 입시 공부하듯 노력하면 기를 수 있다. 하지만 눈에 보이지 않는 문제를 발견하는 능력은 공부만으로 기를 수 없다. 따라서 문제 발견 능력을 키우기 위해서는 문제 해결 경험을 많이 쌓는 수밖에 없다.

내가 그 사실을 알게 된 계기는 아침마다 반복되는 사무실 청소를 통해서였다. 청소는 지저분한 곳을 깨끗이 치우는 일로, 문제를 해결하고 있다고 볼 수 있다. 예를 들어 더러운 방을 절반만 청소하면, 나머지 절반이 얼마나 더러운지 알 수 있다. 따라서 그로써 문제를 발견할 수 있다.

문제 해결은 문제 발견을 위한 하나의 전제다. 해결 없이 문제만 발견할 수는 없다.

철저하게 행한다

'청소'에는 더 많은 깨달음이 존재한다. 이를 테면 여기저기 찔끔찔끔 청소하는 것보다, 구역을 정해놓고 하나씩 처리하는 편이 어디가 더러운지(문제)를 더 잘 발견하게 한다는 점이다. 어디에 얼룩이 있는지, 의자에 무슨 문제가 있는지가 더 잘 보인다. 막연하게만 청소하면 얼룩을 눈앞에 두고도 얼룩인 줄 모른다.

문제 해결 경험을 쌓는 것만큼이나 꼼꼼하게 해결할 수도 있어야 한다. 철저하게 문제를 해결할 수 있다면 새로운 것이 보이기 시작한다. 여기서 중요한 키워드는 '철저함'이다.

비공개 사칙: 덕후가 되세요

관심을 넓히는 방법에는 4가지가 있다.

흥미 없는 신문이나 잡지도 일단 산다

다양한 분야에 관심을 기울일수록 서랍이 늘어나고 사물이 잘 보인다. 반대로 말하면, 서랍이 많을수록 관심이 커지고 가설도 세우기 쉬워진다.

경제 신문뿐만 아니라 일반 신문도 폭넓게 읽기를 권한다. 신문 속에 우리가 사는 사회가 있다. 회사와 경제 모두 이 사회의 일부라는 점을 명심해야 한다. 해외 소식에도 귀를 기울여야 한다. 대부분은 자신의 일과 무관하겠지만, 다양한 소식에 귀를 기울이다 보면 자연스레 시야가 넓어진다.

같은 걸 보더라도 어떻게 보느냐에 따라 다르다. 항상 틀어

놓는 TV도 의식적으로 보기 시작하면 뜻밖의 발견이 따라온다. 바로 그 뜻밖의 자리에 관심의 폭이 넓어질 가능성이 숨어있다.

관심을 깊게 만드는 훈련을 한다

이른바 '덕후'라 불리는 사람에게는 '집착 능력'이 있다. 덕후는 집착으로 가설을 세우고, 그 가설을 통해 옳고 그름을 판별한다. 만약 그 가설이 틀렸다면 덕후는 다시 새로운 가설을 세운다. 또 틀렸으면? 또 세운다. 덕후 기질이 있는 사람은 굉장히 집요하고, 또 그 과정을 즐기기 때문에 다른 사람은 생각도 못 할 것들을 만들어낸다.

예를 들어 신제품 판매를 위해 세운 전략이 효과가 없었다고 해보자. 덕후처럼 파고드는 사람은 그에 대해 다른 방법을 끊임없이 사용하면서 제품을 히트시키는 일에 집착한다. 하지만 대부분은 '어쩔 수 없지.'로 일을 마무리한다.

집착은 사물에 대한 관심의 깊이다. 아무리 똑똑한 학자일지라도 덕후를 이길 순 없다. 덕후는 남다른 깊이의 관심으로 파고드는데다가 지치지도 않는다. 얼마나 관심이 크고 깊은지에 따라 볼 수 있는 것이 그만큼 늘어난다.

책임을 진다

일반 직원보다 사장이 더 다양한 문제를 볼 수 있다. 사무실

바닥에 떨어진 작은 쓰레기 같은 사소한 문제부터 총무팀이 놓친 자료의 오류까지도 사장은 금방 알아차린다. 이 또한 결국 관심의 차이다.

사장과 사원의 관심 차이는 책임감에서 비롯된다. 책임감을 느끼면 무엇이 필요한지가 보인다. 사장에게는 경영자로서의 책임이 있으므로, 사내에 일어나는 일에 관심이 많을 수밖에 없다. 사장이 아닌 직원들도 자신의 업무와 회사 전체의 일에 관심을 가지게 되면 더 다양한 것이 보인다. 더 많이 볼 수 있는 사람이 더 높은 자리로 올라간다.

진지하게 생각해 볼 계기를 만든다

사장이 전체적인 회사의 일과 회사를 둘러싼 시장 상황, 이익에 관심이 많은 까닭은 그것이 사장의 일이기 때문이다. 일반 사원이 회사의 모든 일에 관심을 기울일 순 없다. 전체를 생각해 볼 기회가 주어지지 않았기 때문이다.

연수 등을 통해 생각할 기회를 얻게 되면 무엇을 해야 회사에 좋고, 어떻게 하면 고객을 만족시킬 수 있는지를 고민하게 된다. 생각할 기회는 관심이 된다. 관심이 생기면 호불호, 즉 기준이 생긴다. 기준은 가설이 된다. 가설은 시야의 폭을 더 넓혀준다. 적극적으로 새로운 것에 도전하고 터닝 포인트를 만들기 위해 노력해야 한다.

일 잘하는 사람의 가치관

나는 지금껏 가설 세우기를 발견 센스의 기틀이라고 말했다. 하지만 가설이 부적절하다면 다 무슨 소용일까? 적절한 가설을 받쳐주는 힘은 '사상'에서 나온다.

올바른 윤리관·가치관을 가진다

내가 존경하는 한 기업의 회장은 부장까지는 능력을 보고 승진시킨다. 하지만 임원 승진 여부는 사상이 있느냐 없느냐로 결정한다. 이 일을 해도 되는지 안 되는지, 앞으로 나아갈지 물러설지 등, 회사의 방침을 결정할 때 필요한 것은 능력보다는 신념에 의거한 사상이다. 확고한 사상을 가진 사람을 임원으로 승진시키면, 회사의 방향성이 크게 잘못될 일은 없다.

여기서 말하는 사상은 윤리관과 가치관이다. '사람을 우선하느냐, 돈을 우선하느냐?' 혹은 '남성만 승진시키느냐, 여성 인재를 적극적으로 활용하느냐?' 모두 가치관 문제다. 그런 기준을 확실하게 가진 사람을 사상이 있는 사람이라고 말한다.

시대는 점차 진화했다. 지금은 차별적인 사상이나 발언으로 주가가 폭락하거나, 신용을 잃어 기업의 실적이 대폭 하락하는 일도 일어난다. 따라서 사장뿐 아니라 신입 사원에 이르기까지 모두가 인간으로서 올바른 윤리관과 가치관을 가지기 위해 노력해야 한다.

물론 단순히 회사의 실적 때문만은 아니다. 일을 통해 더 좋은 사회를 만드는 데 이바지하는 사회인으로서 올바른 윤리관과 가치관을 가져야 한다. 적절한 가설을 세우기 위해 올바른 사상이 필요한 이유다. 사상이 있으면 사물의 원리, 원칙을 터득할 수 있다.

일센스가 높은 사람의 발견법

이 장을 마무리하며 사물을 잘 볼 수 있는 10가지 힌트를 전한다.

요점부터 파악한다

미국의 비즈니스 스쿨에 다니던 시절, 나는 매주 2000페이지에 달하는 책과 방대한 사례를 읽어야 했다. 도저히 전부 읽을 수 없었다. 그래서 목차와 개요만 읽거나, 표제어와 강조구만 훑어보며 요점을 파악했다. 요점만 알아두어도 사물이 상당히 잘 보였다.

힌트 먼저 얻는다

요점을 파악해 두면 용이하듯이 힌트를 먼저 얻어두는 것도 사물을 잘 볼 수 있는 요령이다. 힌트라는 단어에 의구심을 품는 사람도 분명 있을 것이다. 하지만 사실 힌트는 도처에 있다. 미술관에 가면 작품이 시작되기에 앞서 작품을 설명한 글귀가 붙어 있다. 평소 예술에 관심이 없었던 사람일지라도 설명을 먼저 읽고 작품을 보면 더 풍성하게 감상할 수 있다.

마찬가지로 한 분야의 전문가가 하는 강의를 들으면 사물을 보는 깊이가 달라지기도 한다. 더 노련한 사람은 힌트만 던져주고, 듣는 사람이 스스로 사고하게 만든다. 그런 의미에서 교사와 상사, 선배의 역할이 중요하다.

분해한다

문제를 분해하면 사물이 잘 보인다. 발견 센스를 끌어올리고 싶다면, 전체 그림을 보면서도 관심 있는 일부분을 특히 더 주의 깊게 봐야 한다.

정보를 줄인다

물건이 적고 잘 정돈된 방과 물건이 많고 어수선한 방이 있다면, 정돈된 방에 있는 카펫의 얼룩이 더 잘 보인다. 즉, 보는 대상을 줄이는 것이 사물을 잘 보는 방법 중 하나다. 상사가 직원에게 업무 지도를 할 때도 그저 열심히 하라고만 할 게 아니라, 대상을 압축해 무엇을 어떻게 해야 되는지 알려줄 수 있어야 좋은 상사다.

깨달은 점은 바로 메모한다

'사물이 보인다.'는 것은 번뜩이는 발상을 말한다. 참신한 아이디어를 떠올리고 싶다면 그때그때 자신이 깨달은 바를 메모해 두면 좋다. 후에 메모를 다시 읽어보고 그 내용들의 관련성을 깨달으면 사물이 더 잘 보인다.

비교한다

사람은 비교를 통해 사물을 인식한다. 한 기업만 본다면 객관적인 수치를 알 수 없지만 경쟁 업체와 비교해 보면 어느 쪽이 좋고 나쁜지를 금방 알 수 있다. 비교는 사물을 보기 위한 기본 중의 기본이다.

일부를 교체한다

회사 응접실에 캐비닛을 새로 들였다. 나는 그 응접실이 깨끗이 잘 정돈된 방이라고 생각했다. 그런데 새 캐비닛을 들여놓은 순간, 주변에 있는 가구들이 무척 낡아 보였다. 사실 이또한 비교의 일종이다. 하나를 교체함으로써 다른 것의 상태를 깨닫게 되는 일은 주위에서도 흔하게 일어난다. 상의 한 벌을 사려다가 그 상의와 잘 어울리는 하의, 신발, 가방까지 사게 되기도 한다. 그 전까진 안 보이던 것들이 보이게 되기 때문이다.

시점을 바꾼다

평소와 다른 장소나 시점에서 사물을 보면, 예상치 못한 발견을 한다. 일례로 원뿔은 옆에서 보면 이등변삼각형이지만 위에서 보면 원이다. 시점을 달리하는 것만으로도 사물이 완전히 다르게 보인다.

여럿이 함께 의논한다

아무리 똑똑한 사람도 자신의 발상과 선입견, 관점을 바꾸기 쉽지 않다. 하지만 여러 사람의 입장에서 사물을 보면, 관점·발상·선입견이 전부 달라서 의견도 달라진다. 다른 사람들과의 충돌을 통해 보이지 않던 이면이 보이게 되는 이유다.

열린 마음을 가진다

아무리 여러 사람과 의논하고 전문 컨설턴트를 고용해도, 다른 의견을 받아들이지 못하면 아무 소용없다. 자신이 주장하는 바에 고집이 있는 것도 좋지만 완고해서는 안 된다. 완고한 사람은 자신이 절대적으로 옳다고 생각하므로 다른 관점을 포용하지 않는다. 즉, 자신의 손으로 눈을 가리고 있는 것이다.

집착이 없으면 보이지 않는다. 그렇다고 하나에 매몰되면 다른 걸 못 보게 된다. 자신의 의견을 고집하되 자신의 의견만 고집해선 안 된다.

사물을 잘 보게 되면 행복해질 수 있다. 보인다는 것은 곧 알아차린다는 것이다. 이 장에서는 진흙 속에서 진주를 찾는 발견 센스에 대해 주로 이야기하고 있다. 하지만 그 이상으로 타인의 기쁨과 슬픔 또한 '발견'할 수 있어야 한다.

3장

(공부 센스)

똑똑하게 일하고 싶다면 집요해져라

!

공부는 평생 하는 것이다

일을 잘하는 사람은 논리적 사고로 지식을 지혜로 바꾼다. 이 능력이 바로 공부 센스다. 논리적 사고력을 키우고 활용하기 위해서는 몇 가지 포인트를 알아두어야 한다.

지식을 지혜로 바꾼다

과거에는 단순 지식을 축적하는 것만으로도 우위에 설 수 있었다. 하지만 현대 사회에서는 인터넷의 발달로 누구나 손쉽게 방대한 지식을 얻을 수 있다. 지식이 여전히 중요하긴 하지만 단순 지식만 축적해서는 절대 성공할 수 없어졌다.

경영학자인 피터 드러커의 말처럼 "지식의 시대에서 지혜의 시대"로 바뀌고 있는 것이다.

논리적 사고력은 하나의 인풋에서 대부분이 2가지의 가능성밖에 생각하지 못할 때, 풍부한 지식을 논리적으로 결부시켜 5가지 가능성을 떠올리게 한다. 또한 그것들을 한층 더 깊이 사고하게 한다. 참신한 아이디어와 창의력은 축적된 지식과 논리적 사고력에서 시작된다.

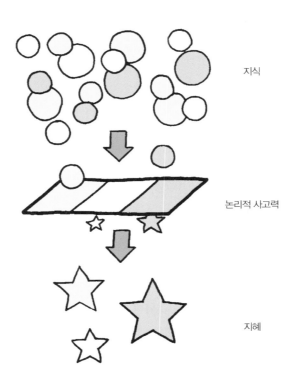

지식

논리적 사고력

지혜

1부 인풋

업무를 철저히 해낸다

업무를 철저히 해내는 사람들은 결과물을 그리면서 일을 진행한다. 회식 장소를 정할 때도 논리적 사고력이 사용된다. 15명의 직원이 참석하기로 했는데, 자리가 떨어져 있다면 회식의 의미가 없다. 당연히 어느 정도는 함께 모여 앉을 수 있는 식당을 예약해야 한다. 경험해 본 적 없는 비즈니스 상황에서도 최종 이미지를 그리며 접근하면 일을 잘 처리할 수 있다.

논리적 사고력을 높이려면 로직 트리(가지를 뻗듯 사고를 연결하는 방법)나 가설 사고, 프레임워크(목적을 달성하기 위해 복잡하게 얽힌 문제를 해결하는 구조)를 자유자재로 사용하는 등 특별한 지식과 기술이 필요하다고 단정하기 쉽다. 하지만 그것들은 논리적 사고의 본질이 아니다. 논리적 사고를 돕기 위한 툴일 뿐이다.

논리적 사고력이 높은 사람은 사물을 철저히 생각한다. '이점에 관해선 어떨까?', '만약 이런 일이 일어난다면 어떻게 대처할까?'처럼 최종 목표를 이미지화하고 위험에 대비한다. 그것이 바로 MECE(미시)다.

MECE는 Mutually Exclusive Collectively Exhaustive의 약자로, 상호 배타적이지만 전체를 망라하는 경영 컨설팅 원칙이다. 즉, 서로 겹치지 않게 모든 걸 망라한다는 뜻이다. 모든 가능성을 예상하되 최종 목표를 이미지화할 수 있는지가 논리적 사고력의 핵심이다. 물론 모든 가능성을 고려하기 위해서는 당연히 지식이 동반되어야 한다.

수직 방향과 함께 수평 방향으로도 생각한다

'철저히 생각한다.'는 것은 깊이 파고드는 수직 방향의 논리적 사고와 사고를 확장하는 것(수평 사고)을 모두 의미한다.

수평 사고는 주제와 무관한 지식과 정보를 받아들임으로써 수직 사고만으로는 얻을 수 없었던 시점과 해결책을 끌어낸다. 따라서 논리적 사고는 깊이 파고들면서도 사고의 폭을 넓혀, 무관해 보이던 지식과의 관련성을 찾는다.

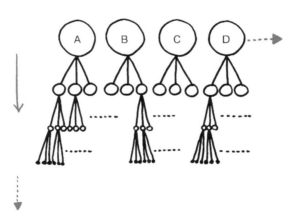

논리적 사고에는 수직 방향과 수평 방향이 모두 존재한다.

철저하게 한 걸음 더 나아간다

일을 잘하는 사람일수록 모든 방향으로 사고한다. 다양한 방향으로 잘 사고하기 위해서는 업무와 관련된 매뉴얼과 법 조항, 사소해 보이는 직장 내 회람 문건과 게시물에도 관심을 가져야 한다. 거기에서 의문점, 중요 사항이 보이면 메모해야 한다. 회의 중일 땐 물론이고 상사와 부하 직원의 이야기를 메모하는 습관도 들이면 좋다. 별로 의미 없을 것 같은 행위들이 당신을 한 걸음 더 나아가게 만든다.

업무 능력을 올리기 위해서 관련 도서와 자료를 찾는 사람들이 많다. 하지만 메모를 하는 사람은 드물다. 이 작은 습관이 길게 보면 엄청난 차이를 만든다.

흐린 눈은 금물이다

일의 수준을 최고로 만들기 위해서는 업무의 본질을 이해해야 한다.

현장에 간다

업무의 본질을 파악하고 싶다면 현장에 가봐야 한다. 책과 매뉴얼도 현장 경험이 있어야 제대로 활용할 수 있다. 책은 현장 경험의 집약이며, 그 경험의 집약에서 얻을 수 있는 본질이 바로 지혜다. 지혜는 지식과는 다르다. 따라서 독서는 가장 좋은 공부 방법이다. 하지만 현장 경험이 없는 사람이라면 아무리 독서를 해봐야 문장에 깃든 가치를 알아볼 수 없다. 그 가치를 알아보기 위해 현장 경험이 필요하다.

그다음에 철저하게 생각하고 결과를 그려내면서 행동해야

한다. 바로 그때, 경험을 집약해 본질을 제시하는 책을 읽으면 시너지가 커질 것이다.

① 현장 감각을 익힌다.
② 전문가가 쓴 책을 읽어 깨달음을 얻는다.
③ 현장을 보고 하게 된 생각에 전문가가 쓴 책에서 얻은 깨달음을 더해 가설을 세운다.
④ 다시 현장을 방문해 가설과 대조한다.

이 프로세스를 반복하다 보면 업무의 본질을 제대로 파악할 수 있다.

오프 더 잡 트레이닝으로 본질을 익힌다

온 더 잡 트레이닝(OJT)은 직장 내 교육 훈련 방법의 하나로, 직무에 종사하며 지도 교육을 받게 한다. 당장 직면하게 될 업무를 잘해낼 수 있게 돕는다. 한마디로 작업 효율이 올라간다.

하지만 보다 나아가 업무의 본질을 파고들려면 오프 더 잡 트레이닝(Off-JT)이 필요하다. 오프 더 잡 트레이닝은 직장 외 교육 훈련으로, 온 더 잡 트레이닝과는 대조적이다.

회계 업무를 하는 직장인을 예로 들어보겠다. 회계 프로그램을 사용하면 재무회계는 물론이고 부기(자산, 자본, 부채의 출

납, 변동 등을 밝히는 기장법)를 잘 몰라도 업무를 볼 수 있다. 하지만 막상 문제가 생기면 응용조차 할 수 없다. 따라서 부기의 본질과 재무회계론을 미리 알아두어야 한다. 하지만 매일 밀려드는 업무로 인해 회사에서는 부기를 공부할 시간이 없다. 그러니 오프 시간에 공부할 수밖에 없다.

퇴근 후에 자기 발전을 위해 공부하기란 절대 쉬운 일이 아니다. 그래도 시간을 내 공부하면 확실히 발전한다. 어쩌면 더 좋은 회사로 이직하는 발판이 될 수도 있고, 사람에 따라서는 전산회계운용사 자격증, 세무사나 회계사 자격증을 따게 될 수도 있다.

본질을 공부하면 응용이 가능해지므로 다른 사람보다 일을 잘하게 된다. 일을 잘하게 되면 일이 재미있어진다. 일이 재미없는 이유는 대부분 일을 못해서이기 때문이다. 그러니 고생스럽더라도 퇴근 후에 지금 하고 있는 업무의 본질, 관련 공부를 잠깐이라도 하는 버릇을 들여야 한다. 퇴근 후 공부하기가 버릇이 되면 공부와 일의 선순환이 일어난다.

나를 알듯이 고객을 알라

답은 언제나 현장에 있다. 현장을 보고, 공부하고, 다시 현장을 보고, 가설과 검증을 반복해야 한다. 이 프로세스를 잘 실행하기 위해서는 현장에서 무엇을 볼지 알아야 한다.

고객이 원하는 QPS를 찾아낸다

가장 먼저 고객의 시점에서 고객을 정확하게 보는 능력이 필요하다.

고객은 QPS(퀄리티·프라이스·서비스)를 조합해 회사(또는 제품)를 선택한다. 여기서 말하는 서비스에는 돈을 받고 제공하는 서비스는 해당되지 않는다. 그 경우 서비스는 퀄리티에 해당한다. QPS에서 S는 기타 요인이다. '집과 가까워서', '사장과 친분이 있어서' 등 돈을 지불하지 않았는데 따라오는 것(입지, 친분 등)이 서비스가 된다.

고객은 퀄리티(품질)와 프라이스(가격), 서비스(기타) 요인으로 회사를 선택한다. 따라서 QPS 조합을 적확하게 찾아낼 수 있어야 직장인으로서 성공할 수 있다. 고객이 원하는 QPS를 보기 위해서는 사소한 행동까지도 고객 지향적이어야 한다. 손님을 친절하게 맞고 응대하면서 고객의 니즈를 포착하는 감수성을 높여야 한다. 고객이 원하는 QPS를 잘 찾으려면 평소 주위를 잘 살펴야 한다. 영업직이라면 고객과의 정기적인 만남이 그에 해당한다. 하지만 관찰로만 그치면 안 된다.

QPS의 조합은 고객마다 다르다.

경쟁사의 QPS를 분석한다

경쟁사의 QPS 분석도 못지않게 중요하다. 치킨집에 근무하는 사람이라면, '경쟁 치킨집은 어떤 QPS 조합을 제공하는가?', '어떤 부분이 달라서 우리 치킨집보다 매출이 많은가, 혹은 적은가?'를 정확하게 파악해야 한다.

여기서 포인트는 가급적 세세하게 분해하되, 선입견을 가지지 않고 보는 것이다. '저 치킨집은 모회사가 대기업이라 절대 이길 수 없다.'는 생각으로 접근하면 분석할 수 있는 것도 분석할 수 없게 된다.

사람이든 회사든 분석해 보면 장단점이 보인다. 장점이든 단점이든 양쪽에서 배운다는 마음가짐이 중요하다. 그리고 정확하게 분해해 분석하면 목표로 삼은 상대와 같은 성과를 낼 수 있게 된다.

QPS를 통하면 가설 세우기가 용이하다. 무엇보다 일을 센스 있게 하려면 가설을 세우고 반복해 검증하는 작업이 필수다. 경제·경영을 제대로 배우기 위해서라도 이 과정이 중요하다. 예를 들어, '왜 이 상품은 팔리지 않았을까?'에 대해 다양한 가설을 세워보고 검증을 반복하면 해당 상품의 부진 이유를 찾을 수 있다. 비즈니스는 가설 세우기와 검증의 반복이다.

가설 검증 사고법 'PDCA'를 익힌다

어떤 기업이 성공하고 실패하느냐는 해당 시장에 대해 얼마나 적합한 가설을 가지고 있는지가 결정한다. 막무가내로 가설을 세우기만 하면 안 된다. 잘못된 가설은 당신을 잘못된 곳으로 데려간다. 옳은 가설을 세우기 위해서는 2가지 과정을 반복해야 한다.

① 가설을 세우고 실행한다.
② 결과가 나오면 그 가설을 검증하고 다시 실행한다.

이 과정을 반복하면서 가설의 정밀도를 서서히 높여야 한다. 계획(Plan)→실행(Do)→점검(Check)→개선(Action), 즉 PDCA 사이클을 통하면 된다.

일에는 마음이 들어가면 안 될까

직장에서 살아남으려면 누구나 경영자의 사고를 할 수 있어야 한다. 실용적인 경영을 공부하기 위해서는 경제학, 심리학, 회계와 마케팅 이론을 알아야 한다.

경제학

경영을 실천하는 것과 경영학을 공부하는 것은 약간 다르다. 경영학은 과거 성공 사례를 연구하기 때문에 과거에 초점을 맞춘다.

하지만 경영은 ① 기업의 방향을 결정하고, ② 자원을 최적 분배하며, ③ 사람을 움직인다. 또한 현재와 미래에 작용하는 것이다. 과거의 사례가 도움이 될 때도 있지만, 별 도움이 안 될 때도 많다.

경영을 제대로 공부하려면 경제학(고객과 업계의 움직임을 보고 경제 현상을 꿰뚫어보는 힘)을 공부하고, 경제의 흐름과 숫자를 잘 읽을 수 있어야 한다.

심리학

대부분이 심리학 공부를 소홀히 한다.

MBA 학위를 가진 전략 컨설턴트가 기업에 반드시 도움이 되지는 않는다. 세상의 움직임을 보는 경제학에 뛰어날지라도 사람의 마음을 알아보는 심리학이 없으면 한계가 있다. 보

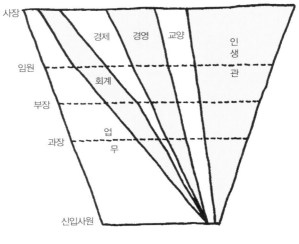

직위가 높아질수록 많은 공부가 필요해진다.

기엔 그럴 듯해 보이고 많은 비용을 들인 전략도 그림의 떡이
된다.

회계와 마케팅 이론

회계, 마케팅의 기본 이론은 문제를 해결하기 위한 구조를
알려준다. 회계와 마케팅은 일종의 기술이다. 따라서 선배들
의 지혜가 담긴 입문서나 자료를 활용하면 좋다.

실천하는 경영을 하려면 종합적인 힘이 필요하다. 모든 일
센스를 일정한 수준까지 높여나가야 한다.

인생을 잘못 살지 않기 위한 공부

신입 사원부터 경영자에 이르기까지, 직위가 오르고 책임이 커질수록 가치관과 인간관이 중요해진다. 가치관과 인간관을 연마하면 자연스레 세상의 도리를 깨우친다.

고전을 읽는다

가장 먼저 추천하는 책은 『논어』와 『노자』, 『채근담』 같은 고전이다. 오랫동안 많은 사람들의 마음을 울린 책은 최대한 일찍이 반복해 읽어야 한다. 고전이 어렵게 느껴진다면 성공한 사람들이 쓴 책을 읽는 것도 좋다.

하루아침에 고전을 습관처럼 읽을 순 없다. 어쩌면 온전히 이해할 수 있는 문장은 극히 일부일지도 모른다. 하지만 올바른 윤리관과 도덕관은 평생 공부해야 하는 가치다. 고전 읽기는 이 평생의 공부에 큰 도움을 준다.

인간성이 좋은 사람과 교류한다

책 밖에서도 가치관을 연마할 수 있다. 평소 좋은 사람, 좋은 회사들과 자주 교류하면 된다. 여기서 말하는 '좋음'은 이득이 된다는 의미가 아니라, 올바른 가치관을 지녔다는 뜻이다. 당장 이득이 되는 사람보다 인격적으로 훌륭한 사람과의 만남이 중요하다. 이 생각은 수십 년간 수많은 기업을 컨설턴트하고, 성패를 지켜보며 얻게 된 깨달음이다. 장기적으로 봤을 때 성공은 늘 올바른 가치관을 가진 사람과 기업에게 돌아갔다.

계산적인 사람과는 교류하지 않는 게 좋다. 단기적으로는 이득이 될 수 있지만, 장기적으로는 결코 좋지 않은 관계다.

오픈 마인드를 가진다

배우고 습득하려면 오픈 마인드를 가져야 한다. 오픈 마인드를 가지고 싶다면 3가지를 유의해야 한다.

첫 번째, 다른 사람의 목소리에 귀 기울인다. 다른 사람의 이야기를 받아들일 수 있어야 한다. 일단 들어보고 좋은 부분은 받아들이고 별로인 부분은 쳐내면 그만이다. 달면 삼키고 쓰면 뱉으려면 보편적인 가치관을 가지고 있어야 한다. 완고한 사람은 자신과 다른 의견이 있다면 눈과 귀를 막기 바쁘다.

하지만 듣고, 보지 않으면 절대 제대로 알 수 없다. 그러니 다른 사람의 이야기를 받아들이는 수용적인 자세가 필요하다. 오픈 마인드 없이는 성장할 수 없다.

두 번째, 좋아하는 일이라면 약간의 리스크를 감수하더라도 일단 해본다. 리스크가 큰 이직이나 결혼 등은 신중하게 행해야 한다. 하지만 리스크가 크지 않은 일이라면 일단 시도해보기를 권한다.

세 번째, 결과가 나올 때까지 계속한다. 정말 좋아한다고 생각되는 일이라면 평생 계속한다. 나를 예로 들자면 나는 좋아하는 책을 30년째 반복해 읽고 있다.

엉덩이가 무거운 사람이 일을 잘한다

여기까지 터득했다면 일을 통해 자아실현을 할 수 있다. 계속 성장하기 위한 공부 요령이 4가지 있다.

문제의식을 가지고 조사한다

사소한 의문도 그냥 지나치지 않고 조사한다. '왜 유독 특정 지역의 GDP가 높을까?', '인센티브는 어떻게 분배될까?', '사람들은 왜 여행을 좋아할까?', '마블 영화가 인기를 끄는 이유는 뭘까?' 궁금증이 생긴다면 자신만의 가설을 세워본다. 그다음에는 구글 검색도 좋으니 조사해 보고, 흥미로운 사실을 알게 되면 더 파고들어 조사해 보면 좋을 것이다.

세상에는 흥미로운 일들이 넘쳐난다. 궁금증을 파고드는 습관이야말로 지식을 지혜로 바꾸는 자질이다.

인풋을 루틴화한다

공부(자기 계발)할 시간이 없다고 변명한 적 있는가? 하지만 일센스가 높은 사람이야말로 더 바쁘다. 바쁜 사람일수록 더 공부한다. 공부한 사람이 일을 더 잘한다.

언제, 어느 때건 공부할 수 있다. 깊이 파고들어 본질을 알아내면 지식의 폭이 넓어지고, 지식의 폭이 넓어지면 논리적 사고력이 좋아지며, 생각하는 속도와 생각의 질이 향상된다. 이 이상적인 선순환을 만들기 위해서는 바쁘다는 핑계는 잠깐 접어두고, 평소 일정 시간을 규칙적으로 투자해 둘 필요가 있다.

시간과 상황을 정해 인풋을 루틴화하기를 바란다. 출퇴근 전철 안에서는 영어 공부를 30분 하고, 자기 전에 고전을 20쪽씩 읽는 것만으로도 훗날 큰 차이로 나타난다.

아웃풋을 계속한다

공부는 인풋이다. 하지만 공부를 계속하기 위해서는 아웃풋이 전제되어야 한다. 공부는 목적이 아닌 수단에 불과하기 때문이다.

일은 모든 것이 아웃풋이다. 양질의 인풋을 얻어 좋은 아웃풋을 내고, 좋은 성과를 올림으로써 일과 인생의 단계가 올라간다. 인풋이 '준비'라면 아웃풋은 다음 찬스를 얻기 위한 '목적'이다.

아웃풋 능력을 키우기 위해서라도 메모하는 습관을 길러라. 휴대폰 메모장, 노트, 블로그, SNS 등 자신이 편한 곳에 메모를 하면 된다. 노트나 블로그는 더 많은 사람이 볼 수 있으니 하나의 책이 되기도 하고, SNS는 진입 장벽이 낮기 때문에 수많은 사람이 당신의 생각에 접근할 수 있다. 따라서 단순히 '메모'에서 시작된 일이 새로운 커리어를 만들어주기도 한다.

4장

(독서 센스)

업무 난독증을 치료하라

속도가 생명이다

독서의 목적은 '지식 얻기'와 '똑똑해지기'다. 독서에는 몇 가지 방법이 존재하는데, 그중 하나인 속독을 설명하고자 한다. 속독은 자신에게 필요한 지식과 정보를 빠르게 얻기 위한 독서법이다.

속독이란 요점을 골라 읽는 것이다

일을 하다 보면 읽어야 할 서류(정보)가 산더미처럼 쌓일 때가 있다. 시간은 한정적이고, 할 일은 많을 때 그 모든 걸 하나하나 읽을 순 없다. 이때 속독이 필요하다. 속독의 핵심은 포인트만 골라 논점과 중요 사항을 파악한다는 데 있다.

속독은 다음에 주목한다.

① **목차**(내용의 개요를 알 수 있다)

② **표제**

③ **본문 속의 굵은 글씨 부분**(저자가 강조하는 부분)

④ **각 장·각 항의 첫머리**(대체로 집약되어 있다)

⑤ **들어가는 말·후기**(저자의 생각이 드러나 있다)

⑥ **데이터·숫자·도표·고유명사**

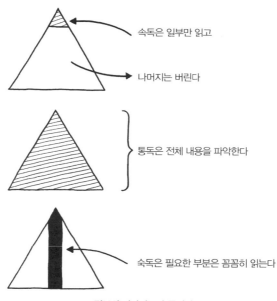

정보의 피라미드와 독서법

대체로 앞부분에 본문 내용이 요약되어 있으므로 그 부분만 재빨리 훑어본 뒤 중요하다고 생각되는 부분을 살펴본다. 목차를 통해 필요한 정보가 어디에 있는지 확인하고, 그 부분만 통독하는 독서법도 있다.

불필요한 정보 먼저 버린다

속독은 필요한 정보와 불필요한 정보를 찾아내, 불필요한 정보부터 버리는 게 관건이다. 경우에 따라서는 책의 '장'을 통째로 버릴 때도 있고, 몇몇 항목만 버리기도 한다.

그렇다면 버리는 부분을 어떻게 찾을까? 목차와 문장 전체를 빠르게 훑어보고, 자신에게 필요한 키워드가 있는지 없는지로 판단한다. 얻어야 하는 정보와 불필요한 정보를 순간적으로 재빠르게 판단하며 읽는 것이다.

사례 연구에서는 숫자와 고유명사에 주목한다

요점을 골라 읽는 경우에는 목차가 중요하지만, 사례 연구에서의 속독은 다르다. 사례를 연구할 때는 전체 흐름과 논점이 무엇인지부터 파악해야 한다. 그러려면 앞부분을 꼼꼼하게 읽고, 글의 중심이 되는 부분은 빠르게 훑어보는 방법이 효과적이다. 즉, 논점을 파악하고 본질적인 문제가 무엇인지를 생각하는 것이다.

또한 금융 관련 사례를 찾아볼 때는 반드시 숫자가 나오기

때문에 숫자와 숫자에 대한 설명 부분은 꼼꼼하게 읽는 편이
좋다.

다시 읽을 때를 위해 요점에 표시한다

자료나 책을 읽을 때는 요점에 표시를 해둔다. 내 경우, 마
커와 3색 볼펜으로 밑줄을 친다. 포스트잇을 붙이든 동그라미
를 그리든 자신만의 방법을 이용하면 된다.

속독의 열쇠는 요점을 정확하고 신속하게 파악하는 것이
다. 추후에 다시 해당 자료가 필요할 때 시간을 크게 절약할
수 있다.

나무가 아닌 숲 전체를 보다

통독은 일반적인 독서법으로, 처음부터 끝까지 순서대로 읽어나가는 것이다. 하지만 나는 목적에 따라 통독을 2가지 단계로 나눈다. 여기서는 통독 1단계를 다룬다.

전체를 읽는다

통독 1단계는 전체를 쭉 읽어나가며 독서를 즐기거나, 일정 지식 얻기를 목적으로 하는 독서법이다. 따라서 감성을 자극하는 소설, 지식을 알려주는 경제경영서가 독서의 대상이다. 속독과 통독의 차이기도 하다. 속독으로 당신의 심금이 울려질 일은 없기 때문이다.

통독 1단계에서는 밑줄을 긋거나 메모를 할 필요가 없다. 통독은 필요에 따라 한 부분만 읽는 독서법이 아니라, 전체를 쭉쭉 읽는 독서법이다.

자신만의 생각을 가지고 읽는다

피가 되고 살이 되는 독서를 하려면 그저 눈으로 읽기만 하면 안 된다. 자신만의 생각, 나아가 의문을 가지고 읽을 수 있어야 한다. 이 부분은 어떤 독서법에도 공통적으로 적용된다. 사고화 과정을 통해 독서를 하게 되면 책을 읽는 깊이가 완전히 달라진다.

경험을 늘린다

책을 통해 간접 경험을 늘려야 한다. 절대 직접 겪을 수 없는 각계각층 사람의 귀중한 경험을 독서를 통해 자신의 것으로 만들 수 있다.

독서로 기초 지식을 얻은 후 실제로 경험하게 되면, 무지한 상태로 경험할 때와 완전히 다른 결과를 얻는다. 여행서를 읽고 여행을 가면 더 많은 것이 보이고, 한 기업의 경영자가 쓴 책을 읽고 그 기업을 방문하면 또 다르게 보인다. 독서는 인생을 풍요롭게 해주는 귀중한 수단이다.

시간에 구애받지 않고 좋은 책을 읽는다

제대로 일하려면 경영, 경제, 마케팅, 회계, 인적 자원 관리 등 비즈니스 전반을 파악하고 있어야 한다. 그 주제들에 관한 주관을 가지고, 책에서 얻은 문장들을 내면에 쌓으면 지식 수준이 자연스레 올라간다. 그리고 자신이 하고 있는 생각과 가지고 있는 지식이 옳은지 검증할 수 있게 해준다.

그러므로 일단 좋은 책을 읽어라! 읽다 보면 자연스레 지식의 폭이 넓어지고, 경험과 지식에 기반을 둔 가설을 검증할 수 있게 된다. 그리고 다시 새로운 가설 세우기를 반복하면 시야가 더욱 더 트인다.

논리의 무게에 따라 통독 2단계로 읽는다

통독 1단계에서는 순서대로 읽으며 지식을 얻고 흐름을 즐기면 된다. 그러니 저자가 말하고자 하는 바를 대략적으로만 파악해 나름대로의 생각으로 정리할 수 있으면 충분하다. 완벽하게 읽어낼 필요는 없다.

1단계로 통독을 할지, 2단계로 통독을 할지를 결정하는 것은 내용과 논리의 '무게감'이다. 논리가 가벼우면 통독 1단계에서도 충분히 해결이 가능하고, 제법 집중해서 읽어야 한다면 통독 2단계로 진입해야 한다. 물론 이해하지 않고 눈으로만 읽으려 든다면 아무리 어려운 책도 1단계로 읽으면 된다. 하지만 여기서 목적은 '읽는 것'이 아닌 '얻는 것'이다.

숲 너머의 세상을 보다

통독 2단계는 논리적 사고력을 키우고 깊이 있는 사고를 하게
한다. 쉽게 말해 머리가 좋아지는 독서법이다.

논리적 사고를 키워준다

통독 1단계의 목적은 큰 틀을 파악해 대략적인 지식을 얻는
것이다. 통독 2단계에서는 1단계에 더해 논리적 사고를 키우
겠다는 목적이 더해진다. 통독 2단계는 숙독과 더불어 인풋이
가장 잘 이루어지고 지적 자극도 큰 독서법이다.

앞서 언급했듯이 통독은 단계별로 적합한 책이 다르다. 통
독 2단계 서적은 뛰어난 학자 혹은 깊은 논리적 사고를 가진
저자의 책이 많다. 따라서 2단계에서는 처음부터 어느 정도의
집중력을 요한다. 난이도가 있는 책이므로 제대로 이해하기

위해서는 밑줄을 치거나 메모를 해야 한다. 또한 주석과 참고문헌도 대충 읽으면 안 된다.

참신한 사고를 할 수 있다

통독 2단계의 책을 얼마나 읽느냐에 따라 인풋이 늘어나고, 인풋에서 비롯된 참신한 아이디어도 증가한다. 2단계의 독서가 지식 및 논리적 사고의 기본기를 완성해 준다.

어려운 책에 익숙해진다

안타깝게도 요즘 세상은 어려운 것을 멀리한다. 하지만 회사에서 '잘' 살아남고 싶다면 어려운 것에 익숙해져야 한다. 일정 수준의 서적을 읽고, 일정 수준의 지적 베이스와 논리적 사고력을 반드시 갖추어야 한다.

세상은 그리 단순하지 않다. 논리력을 높이지 않으면 이해할 수도, 표현할 수도, 해결할 수도 없는 일이 셀 수 없이 많다. 어휘의 난이도는 차치하더라도, 내용의 깊이는 논리의 깊이에 비례한다. 어려운 책에서는 복잡한 논리를 전개하고, 그 논리를 전개하기 위해 전문적인 어휘를 사용한다. 따라서 독자들에게도 그에 걸맞은 논리적 사고력을 요구한다.

당장은 책으로 예시를 들고 있지만 삶도 마찬가지다. 어려운 난관은 절대 쉽게 풀리지 않는다. 그 난관을 극복하기 위해서는 어려움에 맞서야 한다.

똑똑하게 읽다

드디어 숙독이다. 내가 '드디어'라고 말하는 까닭은 숙독이야 말로 당신을 똑똑하게 만들 최강의 독서법이기 때문이다.

필요한 부분만 철저히 읽는다

많은 사람이 숙독을 '느리게 공들여 읽는 독서법'으로 오해 하고 있는데, 이는 사실이 아니다. 숙독은 논리를 좇아 철저하 게 읽는 것으로, 얼핏 통독 2단계와 비슷해 보인다. 하지만 숙 독은 굳이 책을 다 읽지 않아도 된다는 점에서 통독 2단계와 다르다.

숙독은 알고 싶은 내용만 확실하게 논리를 세워 읽는다. 다 양한 것들과 관련지으며 읽기 때문에 전문가 수준으로까지 깊이 파고들기도 한다. 즉, 자신의 전문 분야와 관심 분야의 내용을 다층적으로 읽는다. 이것이 머리가 좋아지는 독서법 '숙독'이다.

관련성을 찾는다

중요한 것은 쓰인 내용을 완벽하게 이해하는 것이다. 그렇다면 자신이 이해했는지 못 했는지는 어떻게 알 수 있을까? 쓰인 내용을 다른 것과 관련지어 생각할 수 있는지를 통해 알 수 있다. 책의 내용과 바탕이 되는 사고방식, 논리를 알면 서로 다른 분야여도 같은 논리가 적용된다는 사실을 이해하고 파생 지점에 깨달음을 얻기도 한다.

'What'을 읽으며 'Why'가 이해될 때까지 집중해 읽고, 'How'로 자신의 노하우 삼아 다른 일에 적용한다. What→Why→How로 발전하기 위해서는 저자의 논리를 꼼꼼하게 따라가다가 의식적으로 다른 것과 관련성을 찾으며 읽어야 한다.

관련성 찾기는 훈련이 필요하다. 가급적 이른 나이에 이 훈련을 시작하면 사물을 이해하는 데 큰 도움을 받을 수 있다. 시작은 '원숭이 엉덩이는 빨개, 빨간 건 사과' 정도겠지만, 나중에는 어려워 보이는 이론을 일과 삶에 적용하게 된다.

참고문헌을 참조한다

숙독에서는 법에 관한 도서를 읽으면서 법전을 참조하거

나, 관련 있는 판례를 찾아보는 등으로 자기 나름대로 생각을 펼치는 것이 중요하다. 넓고 깊고 다양하게 참조하면서 읽는 것이 숙독의 기본이다. 이렇게 말하면 참조가 어렵게 느껴질 수 있다. 하지만 참조는 책의 각주를 잘 읽는 것만으로도 어느 정도는 성공적이다. 각주는 기본적으로 본문 내용과 일체가 되진 않지만, 더 깊이 이해하게 해주는 매개체이기 때문이다. 따라서 관련성 찾기 훈련이 된다.

물론 참고문헌을 전부 읽지 않아도 상관없다. 관련 있는 부분만 읽으면 된다. 책을 다 읽지 않아도 되니, 중요한 부분과 관심 있는 부분에 대해서는 참고문헌도 준비해 주의 깊게 읽기를 바란다. 숙독은 당신을 전문가로 만들어줄 독서법이다.

논리적 사고력을 높인다

세상의 모든 사물과 현상은 깊고 넓고 복잡하게 연결되어 있다. 숙독에서는 논리적 사고력이 높은 사람이 쓴 책을 읽어야 한다. 처음에는 어렵게 느껴지던 책도 숙독하다 보면 이해할 수 있게 된다. 논리적 사고력이 자연스럽게 향상되기 때문이다.

시중에 두뇌 트레이닝과 기억법에 관한 책들이 많이 나와 있다. 하지만 단순히 암기와 계산을 잘하게 된다고 해서 똑똑하다고 볼 수 있을까? 살아가면서 우리가 '저 사람 참 머리 좋다.'라고 말하게 되는 사람은 자신만의 사고를 통해 위기를 잘 극복해 나간다. '어떻게 이 상황에서 저런 생각을 했을까?' 놀라운 사람들은 논리적 사고력의 수준이 높다. 계산 속도와 암기력은 나이가 듦에 따라 자연히 떨어진다. 하지만 논리적 사고력은 나이가 아무리 들어도 쇠락하지 않는다. 오히려 다양한 경험과 숙독을 통해 점점 더 논리적 사고력의 수준이 높아진다.

30시간만 집중하면 성과가 나온다

숙독으로 적절한 책 1권을 읽으면 약 30시간 만에 일정한 수준에 도달하게 된다. 처음에는 귀찮게 느껴질 수도 있으나 고작 30시간 만에 해당 분야를 이해하게 되는 것이다. 따라서 숙독은 논리적 사고력을 높이는 가장 경제적인 방법임과 동시에 가장 빨리 무언가를 배울 수 있는 최고의 방법이다.

그 분야의 1인자가 쓴 입문서와 전문서를 읽는다

사회에 나와 새로운 것을 배우고자 할 때는 그 분야의 1인자가 쓴 입문서로 시작하기를 권한다. 이런 입문서는 처음부터 끝까지 통독해야 한다. 입문서를 통해 해당 분야의 개념과 용어, 기본 구조를 익히게 되었다면 입문서보다 심화된 버전인 전문서를 숙독하길 바란다.

커리어를 만드는 내면 성장법

중독은 같은 책을 반복해서 읽는 독서법이다. 중독은 앞서 소개한 4가지 독서법들과 다르다.

좋은 책을 반복해서 읽는다

책은 얼마나 읽느냐가 아니라, 무엇을 배웠느냐가 중요하다. 그러니 무난한 책을 읽을 시간에 좋은 책을 반복해 읽는 편이 좋다. 좋은 책은 몇 번을 읽어도 지식과 감각을 환기시킨다. 마음을 울리는 책, 삶의 자세를 바로잡아주는 책이라면 몇 번이고 다시 읽어야 한다.

또한 공부 경험과 사회 경험이 쌓일수록 같은 내용을 읽어도 감상이 달라진다. 이해의 정도도 마찬가지다. 좋은 책은 읽을 때마다 새로운 배움을 준다.

의식과 사고방식의 수준을 높인다

중독으로 사고방식의 수준을 높여야 한다. 자신만의 철학을 통해 옳고 그름의 판단 기준을 세우는 것이다. 물론 사람에게는 운이라는 게 있다. 운 좋게 성과를 누리는 사람이 분명 있다. 하지만 운만으로는 오래갈 수 없다. 실력이 받쳐주지 않고 운만 있는 사람은 결국 추락을 맛본다.

마음을 울리는 좋은 책을 반복해 읽으면 사고방식의 수준을 높일 수 있으니 다른 사람을 꿰뚫어볼 수 있다. 무엇이 진짜인지를 알게 된다. 중독은 '지식'만 얻는 독서가 아니라 '의식'을 높이기 위한 독서다.

중독에 적합한 책을 다른 독서법으로 읽는다면 의식이 높아지지 않는다. 자신의 마음에 스며들 수 있도록 몇 번이고 반복해 읽어야 한다.

오랫동안 많은 사람에게 사랑받은 책을 읽는다

통독에 어울리는 책은 진정으로 인생을 아는 사람이 쓴 책이다. 대체로 이런 책은 오랫동안 많은 사람에게 읽힌다. 시대를 막론하고 인간적으로 성장하게 하고, 어떻게 살아갈지에 대한 깨달음을 주기 때문이다.

나로서는 그 책이 『채근담』이었다. 『채근담』은 중국 명나라 말기에 문인 홍자성이 썼다. 짧은 문장으로 삶의 처세술과 어떻게 살아가야 하는지에 대한 힌트를 알려주는 책이다. 나는

20대 후반부터 30대 초반까지 이 책을 거의 100번 읽었다.

20대 후반에 싫어하는 상사가 있었다. 아무리 싫어도 상사라 어쩔 수 없이 따라야 했다. 애당초 상사가 옳은지 그른지도 알 수 없었다. 그냥 무조건 싫었다. 그 무렵에 만난 책이 『채근담』이었다. 이 책으로 나에겐 나만의 신조가 생겼고, 옳고 그름을 판단할 수 있는 능력을 기를 수 있었다.

고급 독자는 고급 인력이 된다

독서력을 높이는 6가지 방법으로 이 장을 마무리하고자 한다.

독서를 위한 시간을 확보한다

바쁜 직장인들이 직면한 가장 큰 문제는 '시간'이다. 독서법에 따라 언제, 어디서 읽으면 좋을지가 달라진다. 여기서 특히 중요한 점은 5분이든 30분이든 틈새 시간을 적극적으로 활용해야 한다는 점이다.

① 속독: 회의 자료는 전철 안에서, 경우에 따라서는 회의 도중에도 읽을 수 있다. 속독은 요점만 골라 빠르게 읽는 것이다.

② 통독: 이동 중에 읽으면 좋다. 통독 2단계는 밑줄을 치거나 메모를 해야 하니 통근 전철보다는 기차나 비행기에서가 적합하다.

③ 숙독: 참고문헌을 참조해 읽어야 하므로 집이나 회사의 책상에서 이루어지면 좋다.

④ 중독: 마음을 갈고닦아주고 늘 곁에 두고 읽는 책이므로, 침대 옆 탁자에 두고 자기 전에 5분씩 읽는다.

컨디션이 좋을 때 읽는다

컨디션에 따라 독서의 질이 달라진다. 피곤하거나 졸릴 때는 무리해 읽지 말고, 잠시라도 머리를 식히고 난 뒤에 읽어야 한다.

매일 읽는다

직장인이라면 매일 독서하는 습관을 길러야 한다.

나 또한 10대 중반까지는 책을 전혀 안 읽었다. 그러니 독서를 기피하다 못해 싫어하기까지 하는 사람들의 마음을 충분히 이해하고 있다. 하지만 독서 센스를 키운 덕분에 정신적으로나 경제적으로나 인생이 몹시 풍요로워졌다고 확신한다.

시작하는 단계에서는 10쪽이라도 좋으니 매일 읽기를 바란다. 독서 습관이 없다면 만화나 추리소설로 시작해도 좋고, 가능하면 1달에 1권이라도 유익한 도서를 읽으면 좋다. 매일의 꾸준함이 관건이다.

독서로 실무와 이론을 연결시킨다

일을 하다 보면 별의별 일이 다 생긴다. 어떤 일인지는 상관없다. 중요한 것은 현상의 본질을 꿰뚫어보는 능력이다. 회계에 관한 문제가 생기면 회계와 관련된 책을 읽어 자사의 재무적인 강점과 약점을 파악하면 된다.

실무와 본질, 둘 중 소홀히 해도 되는 것은 없다. 이 2가지는 자동차의 양쪽 타이어와 같아서, 동등한 크기로 함께해야 한다. 그리고 이런 균형감을 통해 빠르게 멀리 나아가게 하는 것이 독서다.

막다른 길을 만났을 때가 찬스다

독서에 대한 동기 부여는 어떨 때 샘솟을까? 막다른 길을 만나면 어떻게든 길을 찾으려 노력한다. 거기엔 문제의식과 향상심, 호기심이 공존한다.

자신의 업무에 대해 깊이 고민하다 보면 언젠간 반드시 막다른 길, 즉 한계를 만난다. 이 막다른 길은 나아가고 싶다는 열망을 품게 해 새로운 지식을 얻게 하는 큰 계기가 된다. 그래서 공부가 하고 싶어진다. 이때가 찬스다.

쓰는 습관을 가진다

마지막은 '쓰기'다. 쓰기 위해서는 반드시 읽어야 하며, 쓸수록 독서 센스가 좋아진다.

쓴다는 것은 여간 힘든 작업이 아니다. 따라서 인내력이 생기고, 책을 끝까지 읽는 습관이 생긴다. 씀을 통해 자신의 생각을 알게 되기도 하고, 구성력과 논리력을 단련한다. 생각을 정리하고 조리 있게 다듬어가는 과정에서 주관이 또렷해지고 사고가 깊어진다. 무엇보다도 논리적 사고력이 향상되어 전보다 더 제대로, 깊게 읽을 수 있게 된다. 어렵게 생각할 것 없이 일단 써야 한다.

일기나 레포트, 업무적으로는 회의록 작성이 좋은 공부가 된다. 쓴 다음에 퇴고 작업까지 하면 자신이 쓴 글의 논리를 점검하는 데 좋은 훈련이 된다. 인풋은 아웃풋을 수반하며 비약적으로 향상된다.

5장

(시간 센스)

시간의 한계를 극복하라

일이 잘되는 시간을 찾아라

시간 센스는 인풋의 질과 아웃풋의 양을 최대치로 만든다. 자유롭고 의욕적인 시간을 확보할 수 있느냐가 관건이다. 의욕이 있고 자유도가 높은 시간대를 늘리는 것이 시간 센스 향상의 열쇠다.

컨디션이 가장 좋은 시간대를 파악한다

사람들에겐 저마다의 시간대가 있다. 즉, 컨디션이 좋은 시간대가 존재한다. 어떤 사람은 새벽, 어떤 사람은 아침이나 오전, 늦은 오후일 수도 있다. 본인과 잘 맞는 시간대를 활용하면 평소 1시간씩 걸리는 일을 15분 만에 해치우거나, 번뜩이는 아이디어를 떠올린다. 따라서 컨디션이 좋은 시간대는 '역량이 극대화되는 시간대'라고 할 수 있다.

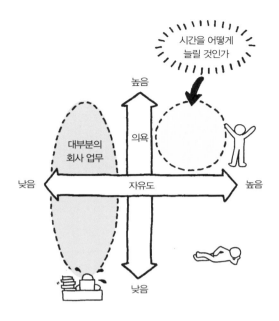

자신만의 시간대에 가장 창의적인 일을 한다

역량이 극대화되는 시간대에 창의적인 일을 해야 한다. 여기서 포인트는 자신만의 시간대를 방해받지 않도록 만드는 것이다. 방해 요인엔 2가지가 있다. 하나는 타인에 의한 방해, 다른 하나는 다른 일에 의한 방해다.

타인에게 방해받지 않기 위해서는 아침 일찍 출근해 방해 없는 상황에서 집중하는 것도 좋은 방법이다(이 경우 자신만의 시간대가 아침이어야 한다). 다른 일에 방해받지 않으려면 사전 준비가 중요하다. 출근하자마자 일을 처리할 수 있도록 전날에 미리 자료를 준비해 두는 등 시작과 동시에 집중력을 끌어올릴 상황을 마련해 두어야 한다. 방해로부터 자유로워지려면 준비 작업은 필수다.

시간을 역산한다

자신만의 시간대를 최대한 잘 활용하기 위해서는 준비 작업을 습관화해야 한다. 최고의 결과물을 만들려면 무엇을 어느 시점에 할지에 대한 '역산'이 필요하다. 업무 속도가 느린 사람은 본격적으로 일을 시작하기까지 워밍업에 많은 시간을 소요한다.

워밍업 시간을 줄이기 위해서는 출근길에 회사에서 할 일을 정리해 보면 좋다. 간단하게 느껴지겠지만 이 작업을 매일 반복하는 사람은 의외로 적다. 단지 출근 시간을 약간 더 활용한 것뿐인데 결과물에 차이가 생긴다. 정시 출퇴근이 없는 프리랜서라면 더 중요하다. 전날 밤이나 당일 아침에 스케줄을 확인하고, 할 일을 미리 점검해 두면 시간을 알차게 사용할 수 있다.

할 일을 제대로 파악하지 못하면 불안해질 수밖에 없고, 불만족스러운 결과물을 마주하게 된다.

비교적 어려운 일도 컨디션이 좋은 시간대에 행한다

역량이 극대화되는 시간대에는 어려운 일을 처리하기 좋다. 이때는 아무리 어려운 정보들도 머릿속에 잘 들어오고, 복잡한 절차도 비교적 손쉽게 처리할 수 있다. 컨디션이 안 좋고 처지는 시간대에는 아무리 노력해도 일 처리에 애를 먹는다.

따라서 무조건 컨디션이 좋은 시간대에, 필요한 인풋과 미래로 연결되는 중요한 인풋을 전부 행해버리면 좋다.

부정적인 시간을 줄인다

컨디션이 좋은 시간대라고 반드시 의욕이 넘치진 않는다. 누구나 의욕이 저하될 때가 있다. 의욕을 높이기 위해서 의욕이 없는 시간을 무작정 없애려 들면 안 된다. 그보다는 어떻게 그 시간을 줄일지를 고민해야 한다.

부정적인 감정에 쓰는 시간을 줄인다

부정적인 감정(분노·불안·초조함 등)은 의욕을 저하시킨다. 인간의 뇌는 싱글 태스크이기 때문에 동시에 2가지를 생각할 수 없다. 즉, 긍정적인 감정과 부정적인 감정을 동시에 느낄 수 없다. 그러므로 부정적인 감정에 쓰이는 시간을 줄이면 긍정적인 감정에 쓰이는 시간, 의욕 있는 시간이 늘어난다.

부정적인 감정을 긍정적인 감정으로 바꾼다

부정적인 감정을 긍정적인 감정으로 바꿀 수 있을까? 나는 예전에 오랫동안 수행한 스님의 뇌파를 조사하는 실험을 TV로 봤다. 좌선(坐禪) 중에는 스님과 일반인 모두 알파파(편안한 상태의 뇌파)가 흘렀고, 시끄러운 소리에는 똑같이 뇌파가 요동쳤다. 하지만 그 이후가 달랐다. 시끄러운 소리가 그친 뒤 스님의 뇌파는 곧 알파파로 돌아왔으나, 일반인의 뇌파는 흐트러진 채로 좀처럼 돌아오지 않았다.

이 실험은 훈련을 반복함으로써 요동치는 마음도 금방 가라앉힐 수 있다는 사실을 알려준다.

골대를 봐야 골인할 수 있다

역량이 극대화되는 시간대에 목적과 목표를 가지면 의욕을 높일 수 있다.

의욕의 원천은 '뜻'이다

의욕이 안 생기는 이유는 뜻이 없기 때문이다. 미래에 되고 싶은 모습에 대한 자신의 뜻과 존재 의의를 알면 의욕이 생긴다. 존재 의의란, '인생에서 무엇을 이루고 싶은가?'다. 나도 이 질문에 대한 해답을 금방 찾지 못했다. 하지만 존재 의의에 관해 생각하는 시간을 조금씩 가지면서, 의욕 있는 시간이 대폭 늘어났다.

목적은 살아 있는 한 계속되는 '존재 의의'다

의욕을 위해서는 뜻(목적)이 필요하다. 목적은 존재 의의이고, 목표는 그 통과점이다. 일과 인생의 목적은 '뜻'이다. 당장 지금 자신의 존재 의의를 모른다고 초조해할 필요는 없다. 좋은 결과를 내서 긍정적인 반응을 얻고, 다시 더 좋은 결과를 내기 위해 노력하는 선순환 속에서 서서히 자신의 뜻과 목적, 존재 의의를 깨닫는다.

목표 설정 능력을 키우기 위해서 실천할 수 있는 일 중 하나는 '월간 목표 세우기'다. 자신의 존재 의의를 찾기 위해서는 지속 가능한 단기 목표를 세워야 한다. 일례로 1달에 책을 2권 읽겠다는 식이다. 목표에는 방향성이 필요하다. 지금은 목적과 존재 의의를 모를 수 있다. 하지만 스스로가 꿈꾸는 모습이 분명 있을 것이다.

되고 싶은 자신에게 가까워질 수 있는 단기 목표를 세워라. 거창한 목표를 세울 필요는 없다. 월초에 월간 목표를 세워보라. 전부 실행하지 못해도 괜찮다. 매달 1일마다 월간 목표를 세우고 그 목표를 이루기 위해 노력하다 보면 머지않아 장기 목표를 찾을 수 있다.

일에도 피크 타임이 있다

시간은 생산성이 높을 때도, 낮을 때도 있다. 시간 센스는 생산성 높은 시간을 컨트롤해 만들고, 뇌의 상태를 활성화시켜 저절로 창의적인 발상을 하게 한다.

더 나아가, 자유가 거의 없는 시간대일지라도 순간적으로 아이디어나 해결책이 떠오를 수 있다. 그것이 다음 페이지에 그림으로 나타낸 위로 향하는 화살표, 이른바 '피크 타임'이다.

창의적인 아이디어를 떠올리는 능력과 그 능력을 유발하는 환경을 만들면, 자유도와 시간적 여유가 없어도 단숨에 생산성을 높이는 피크 타임에 도달할 수 있다. 그렇다고 마냥 기다리기만 하면 안 된다. 2가지 조건이 필요하다.

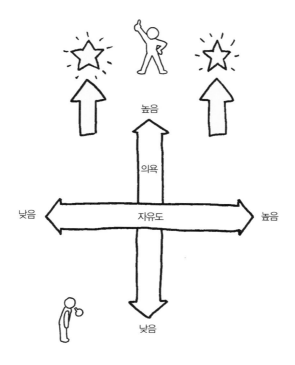

뇌를 긍정적이고 자유로운 상태로 유지한다

피크 타임을 만드는 첫 번째 조건은 '뇌의 상태가 긍정적이고 자유로운 것'이다. 「골대를 봐야 골인을 할 수 있다」에서 다룬 내용을 실천하면 된다.

목적과 목표를 가진다

피크 타임에 번뜩이는 아이디어를 떠올리기 위해서는 무언가를 추구해야 한다. 목적(목표)과 현실 사이에는 언제나 간극이 존재한다. 그 간극을 좁히기 위해서 피크 타임에 번뜩이는 아이디어가 탄생한다.

시간을 손안에 놓고 써라

피크 타임에 도달하기 위해서는 시간을 효율적으로 사용하는 기술을 터득해야 한다. 아무리 의욕이 넘쳐도 기술을 단련하지 않으면 불필요한 시간을 낭비하게 된다.

기본기를 익힌다

기본기는 앞서 경험한 사람들이 알아낸 노하우의 축적이다. 따라서 가장 중요한 기술은 기본기를 익히는 것이다. 먼 길 돌아가는 방법 같지만 가장 빠르게 가는 방법이다. 골프를 예로 들어보자. 골프의 시작 단계에서 기본적인 스윙을 잘 배워놓으면 그 뒤로 수십 년 동안 힘차게 뻗어나가는 공을 칠 수 있다. 하지만 스윙을 어설프게 독학하면 아무리 골프를 오래 쳐도 똑바로 날아가는 공을 칠 수 없다.

기본을 익히면 시간을 절약할 수 있다. 어떻게 익힐 수 있냐고? 역시 공부와 훈련만 한 게 없다.

필요한 정보를 꾸준히 쌓는다

평소 아무런 노력도 없이 어느 날 갑자기 성과를 얻을 순 없다. 꾸준하게 인풋을 쌓아야 아웃풋도 좋아진다. 인풋을 쌓기 가장 좋은 방법은 나름의 체계를 세워 접근하는 것이다. 원하는 아웃풋을 얻기 위해 역으로 인풋에 무엇이 필요할지 생각해 접근하면 체계를 세우는 능력인 논리적 사고력도 크게 향상된다.

그다음으로는 독자적으로 생각할 수 있어야 한다. 쉽게 말해, 어딘가에 기대지 않고 독창적인 사고방식을 창조할 수 있으면 좋다. 더 깊이 논리를 추구하고, 다른 사물이나 현상과의 관련성을 생각해야 한다.

프레임워크를 공부한다

나는 앞서 신문 읽기의 중요성을 강조했다. 그렇다고 그저 막연하게 신문만 읽는다고 인풋이 달라지진 않는다. 머릿속에 읽은 내용이 정리되어 있지 않으면 신문을 봐도 소용없다. 머릿속에 프레임워크를 가지고 있어야 한다.

프레임워크는 목적을 달성하기 위해 복잡하게 얽힌 문제를 해결하기 위한 구조로, 일종의 뼈대라고 볼 수 있다. 이 프레임워크를 지속적으로 업데이트해야 한다.

예를 들어, 경제 지표를 볼 때 처음에는 저게 다 무슨 말인가 싶을 것이다. 하지만 거기에 등장하는 용어(코스피, 환율, 금리, GDP 등)의 정의를 대략적으로 이해한 뒤 숫자를 관찰해 보라. 그 경제 지표를 몇 주, 몇 달, 몇 년 동안 보게 되면 경제의 움직임을 볼 수 있다.

처음에는 기본적인 프레임워크와 정의를 익히기를 바란다. 단지 그것만으로도 필요한 내용을 단시간에 이해할 수 있다. 덧붙여, 직장인이 가장 먼저 익혀야 할 기본적인 프레임워크는 회계와 경제다.

독서 센스를 높인다

인풋을 기르려면 독서는 필수다. 독서에는 '정보를 얻기', '논리적 사고력 높이기'의 2가지 목적이 있다. 논리적 사고력 높이기는 컴퓨터로 치면 CPU 기능을 높이는 것과 같다. 즉, 모든 데이터를 처리하는 능력을 높이는 일이다. 독서만으로도 우리가 얻을 수 있는 인풋의 질과 양이 비약적으로 높아진다.

타인의 인풋을 수집한다

타인의 인풋(정보)을 수집하는 것도 중요하다. 다만, 사람을 잘 골라야 한다. 적절한 인풋을 가진 지인이 있다면 시간을 크게 절약할 수 있다. 물론 막무가내로 자신에게 도움이 될 것 같은 사람에게 들이대면 안 된다. 인맥의 본질은 저 사람이 나에게 필요하다면 나도 저 사람에 필요한 사람이 되는 것이다. 나 또한 괜찮은 아웃풋(성과)을 내는 사람이 되어야 한다. 내가 좋은 아웃풋을 내지 못하면 타인으로부터 좋은 인풋을 얻을 수도 없다. 내가 사람을 고르듯 상대 또한 사람을 고르고 있다는 점을 명심해야 한다. 타인의 인풋을 수집하기 위한 전제는 내 능력의 출중함이다.

인풋의 리트리브 시간을 짧게 한다

'리트리브'는 '꺼내다.'라는 의미의 컴퓨터 용어다. 생각해 보라. 컴퓨터에 수많은 정보를 저장해 두고 파일로도 만들어 놓았다. 그런데 막상 필요할 때 필요한 정보를 재빠르게 찾는 데 어려움을 겪는다면? 분류와 정리가 잘못된 것이다.

분류와 정리는 시간을 절약해 준다. 내 경우에는 주제와 프로젝트별로 파일을 분류한다. 거래처와 미팅을 하는데 필요 서류가 어디에 있는지 몰라 애먹는 사람과 적절한 타이밍에 필요 서류를 꺼내는 사람의 차이가 여기에서 비롯된다.

시간의 제약을 극복하라

비즈니스에서는 양질의 성과를 최대한 빠르게 해내도록 요구된다. 하나도 제대로 해내기 힘들건만 질, 양, 스피드를 동시에 잡으라고 성화니 시간을 잘 활용하는 수밖에 없다.

시간을 절약하는 법

시간을 쓸 기회가 많아지면 시간을 쓰는 속도도 빨라진다. 하지만 시간을 어떻게 쓸지는 정해져 있어야 한다. 상세한 내용까지는 아니더라도, 무엇을 주제로 어떤 흐름으로 쓸지 미리 정해야 한다. 컴퓨터 앞에 앉아서만 생각할 게 아니라 손을 씻을 때나 점심을 먹으러 가는 길에도 시간을 어떻게 쓸지 고민할 수 있다.

물론 시간을 '어떻게' 쓸지 만큼이나 '어디에' 쓸지도 중요하다. 이때는 가치와 효과를 눈여겨봐야 한다. 비즈니스를 글에 비유하자면 구성이 얼마나 탄탄한지보다 독자들의 심금을 얼마나 울리는지가 더 중요하다는 것이다.

최대의 성과를 낳는 화술

PPT를 발표하거나 강연을 할 때는 상대에게 필요한 정보를 선별해 다루어야 한다. 무엇이 중요하고 필요한지를 알기 위해서는 그 주제를 낱낱이 조사해 알고 있어야 한다. 동시에 상대의 니즈를 파악하고 자신의 전문 분야는 철저하게 준비하되 그 외의 정보는 과감하게 버려야 한다. 선택과 집중이다.

이야기할 기회, 쓸 기회를 늘린다

글쓰기와 말하기를 유려하게 사용하려면 익숙해져야 한다. 잘하려면 많이 해야 한다는 뜻이다. 딱히 본인이 글을 잘 쓸 필요도, 말을 유창하게 할 필요도 없다고 생각할 수도 있다. 하지만 글쓰기와 말하기는 반드시 언젠가는 당신에게 도움이 될 능력이다.

글을 잘 쓰려면 많이 써야 한다. 처음부터 잘 쓰려고 생각하면 부담스러울 테니 그저 쓰기를 습관화한다는 생각으로 조금씩 써나가면 좋다. 손바닥만 한 작은 수첩, 휴대폰의 메모장에 순간적인 자신의 감정을 기록하는 연습을 해보면 좋다. 처음엔 1줄이었던 문장이 2줄이 되고, 3줄이 되다 보면 자연스레 A4 1쪽, 그 이상을 채울 수 있게 된다.

말하기는 글쓰기와 맞닿아 있다. 언변이 없는 사람은 말끝이 흐려지거나 중언부언 길어진다. 머릿속의 생각을 일목요연하게 정리하지 못하기 때문이다. 글을 쓰려면 이것저것 신경을 써야 하고, 다시 문장을 살피며 퇴고하는 과정에서 논리를 다듬을 수 있다. 문장을 다듬으며 쓰는 경험을 늘리다 보면 화술에도 능해진다.

밑 빠진 독에 시간을 붓는 사람

시간을 잘 쓰려면 오히려 시간이 낭비되는 사례를 알아야 한다. 마감, 약속 등 시간을 지키지 못하는 사람의 특징을 통해 어떤 태도를 경계해야 하는지 알 수 있다.

시간을 여유롭게 쓴다

업무를 느긋하게 처리하고 싶은 사람도 있다. 그 경우에는 1/10이면 할 수 있는 일을 10배의 시간을 들여 하고 있을 수도 있다. 빠르게 처리할 수 있는 일을 느리게 진행하고 있다면 일을 잘한다고 볼 수 없다.

시간 센스를 제대로 발휘하려면 정해진 시간 내에 일을 처리해야 한다. 주어진 시간에 비해 약간 많다 싶은 일거리를 준비해 두면 시간 내 일처리에 능숙해진다. 빠듯한 시간적 제약

속에서 업무의 질을 떨어트리지 않으면서 결과물을 낼 수 있어야 한다. 처음에는 하나도 제대로 하기 어렵겠지만 시간을 제대로 사용하게 됨에 따라 정해진 시간 내에 더 많은 결과물을 내게 될 것이다.

시간을 정해놓지 않고 야근을 많이 한다

야근을 안 하면 불안하다거나, 열심히 일한다는 느낌이 없다고 말하는 사람도 있다. 하지만 안타깝게도 일하는 시간과 성과는 비례하지 않는다. 야근은 적을수록 좋다. 그렇다고 정해진 시간에 업무를 다 처리하지 못했는데도 그대로 퇴근해버리면 곤란하다. 야근을 하라는 말이 아니다. 야근을 안 해도 가급적 근무 시간에 일을 마무리해야 한다는 뜻이다.

간단한 업무를 하고, 일을 잘한다고 착각한다

저연차 때는 비교적 간단한 업무를 맡는다. 그 간단한 업무를 빠르게 끝낼 수 있게 되었다고 해서 자신이 일을 잘한다고 착각하면 안 된다.

쉽고 간단한 업무라고 무시하면 안 된다. 차이는 이런 업무에서 발생하는 법이다. 이 차이는 요령이 아닌 깊이에 관한 이야기다. 간단한 업무에서도 깊이와 본질을 공부하는 사람에게는 다음 단계가 있다. 그런 생각을 하지 않는 사람에게는 평생 단순 업무만 주어질지도 모른다.

일에는 깊이가 있다. 깊이를 자발적으로 공부하느냐 마느냐에 따라 일의 수준과 숙련도가 달라진다. 언제나 깊이 생각하는 습관을 가지도록 해라. 빠르게 처리할 수 있다고 일을 잘한다는 착각에 빠지면 안 된다.

적당히 일해도 먹고살 수 있다고 생각한다

실제로는 단순 노동만으로도 먹고살 수 있다. 적당히 일해도 굶어죽지는 않는다. 이런 생각에 익숙해지면 편한 방식으로만 사고하고, 지금 정도로도 충분하다고 안주하게 된다. 하지만 '그럭저럭'이야말로 '훌륭함'의 적이다.

입사 초기 신입 사원은 의욕이 넘친다. 그 의욕은 회사 생활이 익숙해짐에 따라 점차 약화되고 점점 편한 쪽으로만 움직이며 게으르게 생각하게 된다. 이때의 문제점은 본인은 현상 유지를 하고 있다고 여기겠지만 사실은 퇴보되고 있다는 것이다. 뒤처지지 않기 위해서는 뜻과 목적, 목표가 반드시 필요하다.

높은 뜻을 가질수록 현재의 자신에 안주하지 않는다. 더욱더 강하고 충실한 삶을 추구하게 된다. 자신의 존재 의의를 찾으면 지금과 완전히 다른 방식으로 시간을 사용하게 된다.

늦게 자고 불건강한 생활을 한다

프리랜서로 혼자 일하는 사람이라면 밤이나 새벽에 능률이 오르는 올빼미형이라도 괜찮다. 하지만 대부분의 업무는 대부분의 사람이 근무하는 시간(09:00~18:00)을 중심으로 이루어진다. 오전 9시에 출근하는 사람이 새벽까지 술을 마시거나 게임을 하느라 늦게 자게 된다면 건강에 적신호가 켜짐은 물론이고 비생산적인 생활을 하고 있다고 볼 수 있다.

늦게 자면 당연히 얼마 못 잔다. 아침부터 컨디션이 안 좋을 테니 일을 제대로 할 수도 없다. 이들의 컨디션은 밤이 되어서야 돌아올 텐데, 당연히 업무에 있어 양질의 결과물을 낼 수 없다.

누군가가 도와주기를 기대한다

시간을 잘 사용하려면 약간의 부담감을 활용해야 한다. 앞서 언급했듯이 약간 넘친다 싶은 정도의 일을 시간 내에 해보면 좋다. 하지만 이 방법도 의존적인 사람에게는 별 효과가 없다. 열심히 하는 척만 하면 누군가가 도와줄 거라 믿어서 제대로 노력하지 않기 때문이다.

의존적 상태에서 벗어나 독립적으로 일하기 위해서는 자신만이 할 수 있는 업무를 가지는 것이 좋다. 누구에게도 기댈 수 없는 일을 할 때는 죽이 되든 밥이 되든 어떻게든 주어진 시간 내에 본인이 처리해야 한다.

적당히 일하는 사람을 파트너로 선택한다

적당히 일하는 사람은 어떤 사람일까? 1cm만 더 나아가면 되는 지점에서 '이만하면 됐어.' 하고 멈추는 사람이다. 문제는 그런 사람은 전염성이 강하다는 것이다. 그런 사람이 주위에 있으면 나도 그런 사람이 된다. 나도, 팀도 업무의 질과 능률, 시간 효용성이 떨어진다. 페이스 메이커가 느린 사람이라면 어떻게 잘 내달릴 수 있겠는가?

'저 사람도 열심히 하는데 나도 열심히 하자.'라는 생각을 하게 하는 상대를 파트너 삼아야 한다. 한정된 시간과 자원의 제약 속에서 자신이 할 수 있는 일을 찾아 최선을 다하는 사람이 바로 프로이기 때문이다.

왜 저 사람만 여유로울까

시간을 잘 활용할 수 있는 실용적인 요령들로 이 장을 마친다.

할 일을 시간 축과 함께 정확하게 파악한다

시간 관리는 투두 리스트(To-Do List)를 작성하고, 확정된 스케줄을 메모하고, 우선순위에 따라 할 일을 처리해 나가는 것이 포인트다. 메모를 하는 이유를 인지하고 자각해 잊지 말라는 뜻에서다. 여기서는 해야 할 일과 여유 시간을 파악해, 그때그때 처리할 수 있는 일을 하나씩 실행해 나가야 한다. 할 일을 정확히 파악해 두면 정신적으로 안정된다.

자신의 사무 처리 능력을 안다

아무리 노력해도 30분 걸리는 일을 10분 만에 처리할 순 없다. 그런데도 할 수 있다고 오판해 계획을 세우면 처리되지 않은 일만 쌓인다. 이런 일을 미연에 방지하기 위해서는 자신이 작업을 처리하는 속도를 파악해 두어야 한다. 그러기 위해서라도 할 일의 우선순위를 정해놓으면 좋다.

컨디션이 좋을 때 가장 창의적인 일을 한다

여유 시간에도 컨디션이 좋을 때와 나쁠 때가 있다.

컨디션이 좋을 때 가장 창의적인 일을 하는 것이 시간 센스의 기본이다. 평소에 컨디션을 잘 관리해야 하는 이유기도 하다. 의욕과 컨디션은 아주 긴밀한 관계다.

평소에 할 일을 많이 확보한다

시간을 잘 활용하게 되어 정해진 시간에 거침없이 일을 처리할 수 있게 되면 업무 속도가 빨라지고, 시간적 여유가 생긴다. 이 시간을 허투루 낭비하면 안 된다. 자투리 시간에 할 일을 준비해 두자. 투두 리스트가 제법 유용하게 쓰인다.

뭐든지 다 하려고 하지 않는다

뭐든 다 손댄다고 좋은 것은 아니다. 자원의 최적 배분을 생각해야 한다. 이것저것 다 잘하려고 욕심 부리기보다 특기에 집중해 다른 사람과 차이를 벌리는 '차별화' 전략이 필요하다. 시간이라는 한정된 자원을 최적으로 배분해, 자신의 능력을 활용하고 차별화하길 바란다.

정해진 시간에 매일 같은 일을 한다

얇디얇은 종이도 500장, 1000장이 쌓이면 두꺼워진다. 결국 축적이 관건이다. 오랜 시간 쌓아올린 습관이야말로 모든 것을 이기는 무기다.

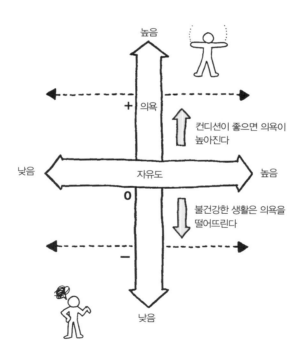

사전 준비를 한다

퇴근 전에 책상을 깨끗이 치우고, 필요한 자료를 미리 준비해 꺼내두면 다음 날 업무 시작점이 달라진다. 업무를 시작하기까지의 시간이 훨씬 절약되고 정신적으로 여유로워진다. 나만의 피크 타임을 효율적으로 쓰기 위해서는 미리 준비해야 한다.

언제나 약간의 여유를 가진다

여기서 말하는 여유는 마음의 여유다. 7시 59분에 8시 지하철을 타기 위해 달리는 사람과 7시 55분에 미리 도착해 기다리는 사람의 심리적 여유는 천차만별이다.

양질의 아웃풋을 내기 위해 몰두하다 보면 불안감과 초조함이 커지는 등의 심리적 문제가 나타난다. 불안이 전제가 되면 당연히 자신만의 피크 타임도 잘 활용할 수 없다. 시간의 여유는 마음의 여유로 이어진다. 1시부터 2시까지 어떤 일을 처리할지, 2시부터 2시 30분까지 어떤 일을 처리할지 구체화해 시간을 컨트롤하면 더 여유로워진다. 시간은 보이지 않을 때 불안이 커지는 법이기 때문이다.

여유 시간을 가진다

심리적 여유를 가지고 업무에 임하려면 물리적 여유도 필요하다. 이를 테면 업무의 마감을 빠듯하게 설정하지 말고 완충 장치를 두는 식이다. 약간 타이트하게 계획 세우기를 추천하지만 지나치게 타이트하게 계획을 세우는 것은 추천하지 않는다.

적절한 휴식을 통해 몸과 마음을 푹 쉬게 하는 것도 매우 중요하다. 심리적 여유와 물리적 여유, 둘 다 소홀히 하면 안된다.

수첩을 활용한다

내가 이 장에서 설명한 내용은 수첩(개인에 따라 아이패드, 휴대폰, 컴퓨터 등)을 사용해 실현할 수 있다.

① 스케줄을 관리하면서 할 일을 파악하고, 할 일을 처리할 여유 시간을 파악한다(시간 컨트롤하기).
② 목표를 관리한다(의욕 높이기).
③ 해낸 일을 전부 적을 수 있다(인생 기록하기).

수첩은 할 일, 필요한 것을 전부 적는 곳이다. 수첩은 자신이 시간을 제대로 컨트롤하고 있다는 감각을 가지기 위한 툴이다. 수첩은 미래를 향해 나아가는 자신을 볼 수 있고, 과거의 데이터도 확인할 수 있는 최고의 파트너다. 그런 도구를 하나쯤 소유하길 바란다.

2부

(아웃풋)

한정된 자원으로 만든 최대치의 결과물

!

6장

(해결 센스)

어려운 문제일수록 낱낱이 분해하라

어디서부터 잘못됐을까

문제 해결에는 문제 해결 기법과 프레임워크가 자주 거론된다. 하지만 문제를 해결하기 위해서는 무엇이 문제인지부터 알아야 한다. 대부분의 문제는 근본적인 원인 파악에 어려움을 겪으며 발생하기 때문이다.

사실을 정확하게 파악한다

사실 관계부터 정확하게 파악해야 한다. 위기 대응을 예로 들어보겠다. 고객이 상품에 결함이 있다고 클레임을 걸었다. 이중 사실은 무엇일까? 상품 결함일까?

아니다. 여기선 '고객이 클레임을 걸었다.'만이 사실이다. 클레임을 건 고객의 백 그라운드와 클레임 내용, 매장의 대응 같은 자세한 경위 및 현재 상황을 파악해야 한다. 덧붙여 제품의 결함 유무에 관해서도 재확인할 필요가 있다.

대응 우선순위를 정한다

사실을 정확하게 파악하기 위해서는 시간이 걸린다. 경우에 따라서는 조사 결과가 나올 때까지 기다리기 힘든 상황에 처할 수도 있다. 특히 외부 공표가 필요한 경우라면 대뜸 사과문을 게시할 것이 아니라, 우선 알고 있는 사실만이라도 공표해야 한다. 그 후에 조사 결과에 따라 대응해야 한다.

이 단계에서는 수많은 문제 중 무엇을 문제로 삼을지, 그중 무엇에 대한 대응을 먼저 할지의 우선순위를 잘 정해야 한다. 이 우선순위를 잘못 정하면, 해결하기 힘든 큰 문제로 악화될 수 있다.

긴급도와 중요도의 매트릭스로 우선순위를 결정한다

우선순위를 결정할 땐 '긴급도와 중요도의 사분면 매트릭스'를 사용하면 좋다.

1사분면의 '긴급도와 중요도가 높다.'가 가장 높은 우선순위를 차지한다. 예를 들어 자사 제품에 유해 성분이 검출되었을 경우다.

2사분면의 '긴급도는 높지만 중요도는 낮다.'는 오늘 중으로 상사의 결재가 필요한 서류를 예로 들 수 있다. 큰 문제는 아니지만 당장 처리할 필요가 있는 일이다.

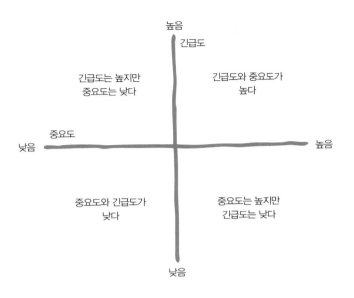

3사분면은 '중요도와 긴급도가 낮다.'로, 다다음달에 예정된 워크숍 레크리에이션에서 무엇을 할지 정하는 등의 일이다.

4사분면은 '중요도는 높지만 긴급도는 낮다.'로, 일주일 후 중요한 프레젠테이션을 앞두고 있을 때를 떠올릴 수 있다. 프레젠테이션 날에 가까워질수록 긴급도가 올라가므로 점점 1사분면에 가까워진다.

이 매트릭스를 사용하면 문제의 우선순위를 결정할 수 있다. 하지만 무엇이 중요하고 긴급한지 판단하기 어려운 경우도 많다. 따라서 중요도와 긴급도를 정하려면 일정한 기준이 필요하다. 회사의 방침, 개인의 신념 등을 평소에 인식하고 있어야 한다.

4사분면의 '중요도는 높지만 긴급도는 낮다.'가 우선순위를 결정하기 가장 어렵다. 이 4사분면에 문제의 싹이 도사리고 있다.

사소한 클레임을 방치하거나 동료의 이상한 낌새를 모른 척하는 것 등이 여기에 해당된다. 개별적으로 중요도와 긴급도가 높지 않아 보이지만 방치하면 큰일로 번질 수 있는 '문제의 싹'이다. 문제의 싹은 초기에 잘라야 한다. 그것이 일에서도, 인생에도 기본이 되는 최강의 문제 해결 방법이다.

다운사이드 리스크를 측정한다

일정한 기준을 가지는 것 외에도 '다운사이드 리스크'(실패했을 때 입게 될 최대한의 손실)라는 개념을 알아두면 사물의 중요도와 긴급도를 판단할 때 도움이 된다.

다운사이드 리스크가 커질수록 중요도도 높아진다. 대응이 늦어질수록 다운사이드 리스크가 커진다면 긴급도 역시 높아진다고 볼 수 있다.

예를 들어 회사 내 한 부서의 실적에 이상이 생겼을 때 회사 전체에 미치는 영향과 그 부서가 담당하는 고객에 따라 다운사이드 리스크의 평가도 달라진다.

다운사이드 리스크는 최악의 상황에 손실이 얼마나 발생하는지를 항상 추측한다. 이는 문제의 우선순위를 결정하는 데 큰 도움이 된다. 작은 일에도 다운사이드 리스크를 항상 고려하는 습관을 가지면 문제의 우선순위를 결정하는 능력이 높아진다.

문제에도 진짜, 가짜가 있다

앞서 우선순위를 정하고 문제를 찾는 방법에 대해 설명했다. 여기에서는 '로직 트리'와 'UDE' 툴을 사용해 근본 문제를 특정하는 방법을 설명하려 한다.

로직 트리를 사용해 문제를 분해한다

근본 문제는 진짜 원인이다. 근본 문제를 특정하지 않고서는 실질적인 문제 해결이 불가능하다. 로직 트리는 큰 문제를 논리적으로 차례차례 분해할 때 사용한다.

예를 들어보자. '매출이 낮다.'라는 문제는 어느 회사에서나 일어날 수 있다. 그런 문제를 '매출을 높이도록 노력하자!' 같은 구호로는 해결할 수 없다. 근본 문제를 알아내야 해결책을 끌어내기도 쉬워진다.

다음 그림은 매출이 낮은 이유를 분해하는 로직 트리다. 그림처럼 하나씩 분해하면 매출을 저해하는 원인이 무엇인지, 고비용을 초래하는 요인이 무엇인지를 알 수 있다.

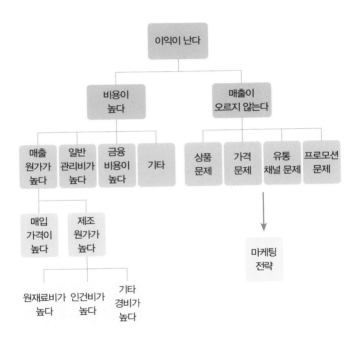

동종 업계 타사의 마케팅 전략과 비용 구조, 자사의 과거 비용 구조도 분석해야 한다. 비교 분석을 통해 '비용이 높다.'라는 막연한 문제가 원인이 아니라, '동종 업계 타사에 비해 인

건비 및 운송비가 매출액 대비 ○○% 높다.' 혹은 '3년 전 대비 ○○% 높다.' 등의 구체적인 근본 문제에 도달할 수 있다.

바람직하지 않은 현상(UDE)을 적어서 트리화한다

또 하나 편리한 분해 툴이 UDE다. UDE는 'Undesirable Effects'의 약자로 바람직하지 않은 현상, 즉 '문제'를 의미한다. 이 책을 읽고 있는 독자 여러분도 노트를 펼쳐 업무에 있어 바람직하지 않은 현상을 10가지 적어보기를 바란다. 가급적 짧은 문장을 사용하기를 권한다.

예를 들면 '매출이 오르지 않는다.', '이익이 나지 않는다.', '신제품이 출시되지 않는다.' 등이 있다. 한 문장에 '매출이 오르지 않아 이익이 나지 않는다.'처럼 논리가 들어가지 않아야 한다.

그다음 UDE 포스트잇을 상하 관계에 따라 트리 모양으로 붙이면 된다. 다음 페이지의 그림처럼 위가 결과, 아래가 원인인 상하 관계다.

혼자 만들어도 괜찮지만 여럿이서 만들면 더 효과가 좋다. 가능하면 4~5명이서 함께 만들면 좋다. 혼자 만들다 보면 자기 논리의 한계를 넘기 힘들 수 있다. 통상 1~3시간이면 충분히 완성할 수 있다. UDE 트리를 만들면, 어디에 근본 문제가 있는지를 쉽게 알 수 있다.

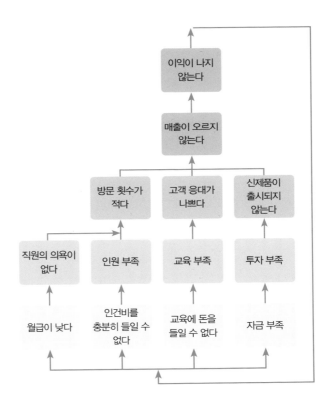

UDE의 네거티브 루프로 근본 문제를 찾는다

트리에서는 꼭대기의 '이익이 나지 않는다.'가 원인이 되어, 맨 아래의 '교육에 돈을 들일 수 없다.'로 돌아가고, 교육을 할 수 없기 때문에 직원의 능력이 낮아지고, 직원의 능력이 낮으므로 '이익이 나지 않는다.'의 악순환에 빠진다. 이를 네거티브 루프라고 한다. UDE 트리를 만들면 네거티브 루프를 발견할 수 있다.

네거티브 루프 속의 카드를 1장만 뒤집어도 전체가 바뀐다. 그런 UDE 포스티잇을 발견했다면, 그것이 바로 당신이 찾고 있던 근본 문제다.

문제가 무엇인지 알게 되었다면 자신의 힘으로 대응할 수 있는지를 살펴보아야 한다. 근본 문제가 무엇인지 알게 되었다고 해도 내 힘으로 그 문제를 극복할 수 없을 때도 있다. 그럴 때는 대응할 수 있는 다른 부분을 찾아야 한다. 한정된 자원으로 최대한의 가능성을 생각하는 사람이 바로 일센스가 높은 사람이다.

당신은 대응 가능한 문제를 어떻게 특정할 것인가? 그 문제를 어떤 순서로 얼마만큼의 자원을 배분할 것인가? 이것이 현실적인 문제 해결의 쟁점이다.

문제를 잘 푸는 사람의 노하우

문제가 무엇인지 알게 되었다면 해결책을 책정해야 한다. 여기서 말하는 책정은 전략과 방침을 생각하고 진행하는 일을 말한다.

장단점을 리스트화한다

문제가 무엇인지 알게 되어도 많은 사람이 직관적으로 단순한 해결책만 낸다. 실패하면 다른 해결책을 시도하면 된다는 마인드다. 하지만 그렇게 시간, 자원을 낭비하기보다 실패 확률이 낮은 해결책을 찾아내는 게 훨씬 이득이다.

문제를 해결할 방안을 찾는 툴 중에는 Pros and Cons, 즉 장단점을 리스트화하는 기법이 있다. 무엇이 좋고 나쁠지를 문서화하는 방법이다. 단순하지만 실제로 나열해 보면 머리로

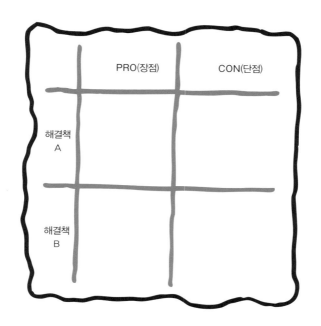

	PRO(장점)	CON(단점)
해결책 A		
해결책 B		

만 막연하게 생각했을 때보다 훨씬 사물이 잘 보인다. 떠올린 해결책을 선택했을 때 따라올 장점과 단점을 적어보는 것이다.

다운사이드 리스크를 검토한다

장단점을 검토할 때는 180쪽에서 언급한 다운사이드 리스크를 활용할 수 있다. 다운사이드 리스크가 작다면 조속히 시도해도 좋다. 실패하면 다시 원점으로 돌아와 다음 해결책을 시도하면 된다. 단, 막대한 투자를 해야 하는 등 다운사이드 리스크가 큰 건에 관해서라면 신중을 기해야 한다.

① 해결책의 장단점을 리스트화한다.
② 다운사이드 리스크를 활용해 ①의 리스트를 논의한다.

결정 트리로 기대치를 계산한다

결정 트리는 알고리즘을 시각화해 의사를 결정하거나 시간의 복잡도를 증명하는 데 사용되는 해결책 책정 수법이다. 다운사이드 리스크와 함께 자주 사용된다.

결정 트리는 하나의 해결책에 대해 A에서 일어난 확률, B에서 일어날 확률을 모두 생각하고, A의 이익과 B의 손실을 모두 고려하는 도구다.

UDE 트리(p.184)는 수직으로 진행되지만, 결정 트리는 수평으로 진행된다. 결정한 일이 잘될 확률과 결과로 나올 수 있는 다양한 경우를 추측하고, 종합적으로 기대치를 계산하는 방법이라고 볼 수 있다. 단, 기대치만으로는 위험하니 반드시 다운사이드 리스크를 고려하기를 권한다.

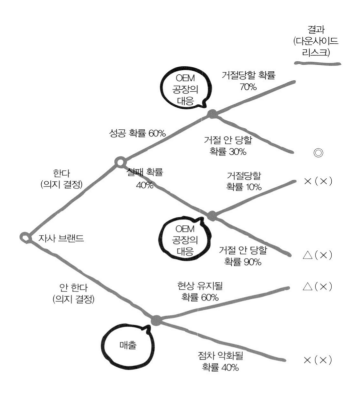

문제가 있었는데 사라졌습니다

문제는 해결되지 않으면 의미가 없다. 해결책을 잘 실행하기 위한 방법에는 2가지가 있다.

프로젝트 계획서를 만든다

프로젝트 계획서를 만들 때는 최종 목표와 현재 상황을 측정 가능한 수치로 나타내야 한다. 그렇지 않으면 목표와 현실의 갭을 인식할 수 없기 때문에 구체적인 계획 세우기, 진척 상황과 달성도 측정, 가설 검증 모두 불가능하다.

프로젝트 계획서를 만들 때는 무엇을 해내야 문제가 해결될 수 있는지를 명확히 드러내 관계자가 납득할 수 있어야 한다.

문제 해결 프로젝트는 목표에 근거한 자원(사람, 물자, 돈, 시간)의 최적 분배가 중요하다. 따라서 담당자, 예산, 소요 시간을 반드시 결정해야 한다. 이 항목들을 정해야 최종 목표로부터 역산해서 구체적으로 언제, 무엇을 할 것인지, 실행 후 목표 수치를 세세하게 기록할 수 있다.

해결책을 실행하기 위해 아래 5가지를 명심해라.

① 최종 목표와 현재 상황의 간극 및 공통 인식을 확인한다.
② 최종 목표를 수치화한다.
③ 최종 목표로부터 역산해 행동 계획을 세분화한다.
④ 기일, 책임, 예산을 구체화한다.
⑤ 자원을 최적 분배한다.

실현하기 위해 검증하라

계획대로 실행되더라도 반드시 문제가 해결되진 않는다. 성공 확률을 높이려면 검증이 필요하다. 계획은 전부 가설이다. 다만 계획서에 있는 단계별 가설을 검증하고, 다시 가설을 미세하게 조정하면서 실행하면 자연스레 정밀도가 올라간다.

'계획(Plan)→실행(Do)→검증(Check)→개선(Action)'을 반복하며 점검해야 한다.

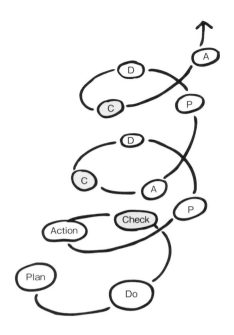

Plan ➡ Do ➡ Check ➡ Action

이 과정을 반복하다 보면 점점 위로 올라간다. 하지만 C, 즉 검증 없이는 위로 올라갈 수 없다. 무턱대고 노력만 해서는 안 된다는 뜻이다.

누구나 직장에서 해결사가 될 수 있다

문제를 해결하려면 '① 데이터를 수집하기, ② 분해해 생각하기, ③ 툴을 활용하기'의 3가지 과정을 거친다. 이중에서도 '분해해 생각하기'가 특히 중요하다. 앞서 언급한 로직 트리와 UDE도 복잡하게 뒤엉킨 현상을 분해해 문제와 원인을 특정하고 해결법을 찾는 툴이다. 이제 문제 해결 전문가가 사용하는 툴(프레임워크)에 대해서도 알려주겠다.

기본 중의 기본, 마케팅의 5P

비즈니스 상에서 일어난 문제를 해결할 땐 대체로 마케팅의 각종 분해 툴이 사용된다. 그중에서도 가장 기본적인 툴이 마케팅의 4P다.

- Product(상품)
- Price(가격)
- Place(유통)
- Promotion(판촉, 홍보)

최근에는 Partner(동업자)까지 하나가 더 늘어 5P라고 말하기도 한다. 마케팅에 문제가 생겼다면 5P로 현재 상태를 분해해 하나씩 검토하면 된다. 판매가 저조한 까닭이 매장의 위치 때문인지 프로모션의 문제인지를 살펴보고, 5P 중 하나의 P를 특정할 수 있게 되면 그 부분을 파고들면 된다.

마케팅의 5P는 분해해 생각할 수 있게 도우며, '안 팔린다.' 따위의 막연한 말로는 해결할 수 없었던 문제를 해결할 수 있다.

고객 시점의 분해: 4C와 QPS

마케팅의 5P와 함께 4C도 자주 언급된다. 5P가 판매자 관점의 분류였다면 4C는 고객 시점의 분류다.

- Customer Value(고객이 느끼는 가치)
- Cost(가격)
- Convenience(편의성)
- Communication(의사소통)

툴(가위)이 있으면 분해하기 쉽다.

판매자가 본 5P와 고객이 본 4C가 상호 작용하고 있다. 판매자 입장에서만 살펴보면 좀처럼 알 수 없는 '판매 부진의 이유'도 고객의 관점에서 보면 알 수 있다.

하지만 나는 4C보다 QPS를 더 자주 사용한다. QPS를 사용하면 고객이 어떤 물건을 원하고 구매하는지 알 수 있기 때문이다.

- Quality(품질)
- Price(가격)
- Service(서비스)

고객이 원하는 바를 QPS로 살펴보면 보이지 않던 게 보이기 시작한다

AIDMA의 법칙

- Attention(주의: 사물에 주의를 기울인다)
- Interest(관심: 흥미를 유발한다)
- Desire(욕구: 흥미를 욕구로 바꾼다)
- Motive(동기: 욕구를 고조시킨다)
- Action(행동: 구매한다)

AIDMA는 고객이 물건을 구입하는 과정을 모델화한 것이다. AIDMA는 상품이 안 팔릴 때 어디에서 흐름이 끊겼는지, 병목 현상이 일어나는 지점은 어디인지를 조사하고 해결책을 찾는다.

SWOT 분석

SWOT 분석은 경영의 가장 대표적인 분석 툴이다.

- Strength(강점)
- Weakness(약점)
- Opportunity(기회)

	Opportunity(기회)	Threat(위협)
Strength(강점)		
Weakness(약점)		

• **Threat(위협)**

내부적 강점과 약점, 외부적 기회와 위협 요인을 4가지로 나누어 검토하는 툴이다. SWOT 분석을 통하면 자사와 사업부, 특정 제품의 상태가 놀라울 만큼 잘 보이며, 다양한 구성원의 의견 일치를 끌어내기도 쉬워진다.

나아가 강점을 제대로 살려 기회로 삼고 있는지, 약점이 위협이 되고 있진 않은지도 살펴볼 수 있다. 중요도를 더하면 추구해야 할 우선순위도 정할 수 있는 툴이다.

PPM으로 자원의 배분 방법을 검토한다

PPM(Products Portfolio Management)은 자사의 현재 상황과 경쟁사 제품을 분석하지 위한 툴이다(p.76).

시장 성장률이 느려지고 있어도 경쟁력을 최대치로 높이면 추가 투자 없이 현금 흐름을 낳는다(돈이 되는 나무). 시장이 성장함과 동시에 투자가 이루어지고 있으므로 존재감이 높아진다면 발전 가능성이 크다(스타). 시장의 성장에 비해 투자가 부족해 점유율을 확보 못 하는 경우도 있다(문제아). 시장의 성장이 둔화되고 점유율도 확보하지 못 하면 철수해야 하는 사업이 된다(싸움에 진 개).

PPM에서는 '돈이 되는 나무'에서 얻은 수익을 '문제아'에 투자해 '스타'로 키우는 것을 원칙으로 한다.

놓치고 있는 것을 찾아내는 ABC 분석

ABC 분석은 관리 대상을 우선순위를 매겨 관리하기 위해 A, B, C 세 그룹으로 나누어 분석하는 방법이다. 매출 순으로 제품과 거래처를 나열하고, 전체 매출의 누적구성비로 상위 80%를 차지하는 대상을 A그룹에 놓는다. 80~90%를 차지하는 대상은 B, 나머지는 모두 C에 포함한다.

대체로 이때 '80-20 법칙'이 적용된다. 이 법칙은 상위 20%가 전체 매출의 80%를 차지한다고 주장한다. 경험이 적은 사업가나 컨설턴트는 80-20 법칙을 오해해 상위 20%인 상품과 거래처에만 집중하고, 하위 80%에 자원을 쓰지 않는다. 하지만 그렇게 사업을 진행해선 안 된다. ABC 분석에서 눈여겨봐야 할 점은 '우리가 놓치고 있는 상품과 거래처는 없는가?'이다. 매출 향상의 가능성을 탐색하는 것이다.

ABC 분석은 B와 C를 버리기 위함이 아니라, B와 C에서 '놓치고 있는 것'을 찾아내기 위해 사용한다. 무엇을 놓치고 있는지 알 수 있을 때야 비로소 전문 경영자, 컨설턴트라고 할 수 있다.

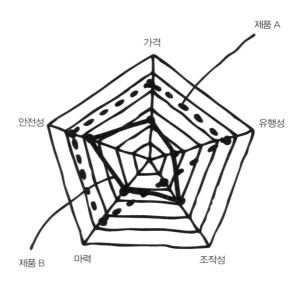

레이더 차트로 시각화한다

특성을 여러 항목으로 나누어 오각형 또는 칠각형 그래프로 나타낸 차트가 바로 레이더 차트다.

레이더 차트는 일그러진 정도에 따라 어디가 약세이고 강세인지를 시각화한다. '책'을 레이더 차트와 연결시킨다면 매출을 결정하는 요인(저자, 주제, 제목, 가독성, 장정, 가격, 홍보)의 7가지로 표현해 보는 것이다. 물론 레이더 차트를 그리기만 한다고 문제가 해결되진 않는다. 레이더 차트가 문제 해결에 도움이 되려면 비교 대상이 있어야 한다.

다시 '책'으로 돌아와 보자. A 저자가 자사에서 출간한 책보다 타사에서 출간한 책이 더 많이 팔렸다. 이를 레이더 차트화해 보자. 자사 책과 타사 책의 레이더 차트를 함께 놓고 비교해 볼 때 이 그래프의 위력이 커진다.

상대적 레이더 차트(두 상품을 비교하는 것)와 절대적 레이더 차트(절대적인 기준을 정해 상품과 절대치를 비교하는 것)를 만들면 훨씬 명확하게 문제점을 알 수 있다. 객관적인 데이터를 얻을 수 없을 때는 주관적 평가를 이용해서라도 만들어야 한다. 그럼 잘 팔리는 요인이 어느 정도 보인다.

병목 현상의 원인을 찾는다

병목 현상은 사물의 흐름을 방해하는 요인을 의미한다. 앞서 소개한 툴들과는 차이가 있다. 하지만 문제를 해결하려면 반드시 인지해야 한다.

　나는 회의에서 종종 '왜 병목 현상이 일어나고 있습니까?'라고 묻는다. 매출이 오르지 않는다는 문제를 직면하고 있을 때는 매출이 오르지 않는 원인이 어디에 있는지를 알아야 한다. 무작정 돈을 써서 광고 및 영업 사원을 늘린다고 무조건 좋은 결과로 이어지지는 않는다. 매장의 방문객 수가 적은 것인지, 계약률이 낮은 것인지 등 진짜 원인을 특정해 나가야 한다. 나는 그것을 '병목 현상의 원인을 찾는다.'고 표현한다.

　근본 문제와 큰 차이는 없다. 다만 어디에서나 자주 쓰이는 병목 현상이라는 언어를 습득해 두면 좋다.

일센스가 좋은 사람은 위기를 잘 관리한다

하루아침에 문제를 해결하는 능력이 좋아지진 않는다. 이 능력을 높이려면 꾸준히 계속해야 한다.

'왜?', '정말?', '그래서?'를 반복한다

이 3가지 질문을 반복하며 깊이 파고드는 과정에서 논리적 사고력이 높아진다. 논리적 사고력을 단련함으로써 문제 해결 능력이 높아진다.

논리적 사고력은 번뜩임과 대비된다. 하지만 번뜩임은 논리적 사고력을 토대로 발휘되며, 문제 해결에서 절대 빠지지 않는 요소다. 사람의 머릿속은 서랍으로 가득 차 있다. 무엇인가 번뜩였다면 머릿속의 어떤 서랍이 열렸다고 볼 수 있다.

하지만 이 역시 서랍이 비어 있다면 일어나지 않는 일이다.

평소 서랍을 잘 채워주어야 한다.

상식을 발휘한다

서랍을 열기 위해 다양한 아이디어를 내는 과정에서는 상식과 완전히 동떨어진 발상이 나오기도 한다.

예를 들어, 실적 부진을 극복할 방법으로 다음 달에 새로운 프로젝트를 런칭하겠다는 아이디어를 떠올리는 식이다. 하지만 상식적으로 당장 다음 달에 새로운 프로젝트를 런칭할 수 있겠는가? 이 경우에는 번뜩이는 아이디어보다 상식적으로 생각하는 편이 해결에 도움이 된다.

상식을 의심한다

'상식'이 당신과 같은 세대 사람들의 상식, 당신 회사의 상식, 업계에서만 통하는 상식이라면 오히려 폐해가 일어나기도 한다. 회사의 상식이 사회의 비상식일 때도 많기 때문이다. 때론 상식이 유용하지만 언제나 상식이 정답은 아니라는 점을 명심해야 한다. 그런 의미에서 상식을 의심할 필요가 있다. 특히 세대와 연령에서 오는 상식은 다른 세대를 대상으로 하는 상품 개발과 홍보 전략을 방해한다.

1020 세대를 타깃으로 한 SNS 홍보 전략을 고안한다고 해보자. 어떤 SNS를 홍보로 사용해야 할까? 페이스북과 트위터(현재 'X'-옮긴이)가 적절할까? 지금의 10대와 20대에게는 그보다는 틱톡과 인스타그램이 훨씬 인기다. 본인이 페이스북을 많이 사용한다고 해서 타깃 연령대를 고려하지 않고 페이스북으로 홍보를 하면 원하는 성과를 거둘 수 없다.

따라서 언제나 자신의 상식을 의심하고 제로 베이스에서 한 번 더 생각할 필요가 있다.

항상 생각한다

사과가 나무에서 떨어지는 모습을 보고 별안간 뉴턴이 만유인력을 생각해 냈을까? 아니다. 오래 전부터 물체끼리 서로를 끌어당기는 힘에 대해 생각해 왔기 때문에 사과가 떨어지는 모습을 보고 아이디어가 번뜩인 것이다.

이와 마찬가지로 좋은 경영자는 회사의 다양한 과제를, 우수한 사원이라면 자신의 업무를 항상 생각하고 있다. 머릿속이 주어진 과제로 가득하기 때문에 우연히 책을 읽다가, 다른 사람과 대화를 나누다가도 깨달음을 얻는다.

답은 항상 생각하고 있을 때 나온다.

가치관에 근거한 직감을 연마한다

당신은 아래의 2가지 방법 중 어떤 것을 선택할 것인가?.

① A 방법: 80%의 확률로 100억 원의 수익이, 20%의 확률로 50억 원의 손실이 난다.

② B 방법: 70%의 확률로 150억 원의 수익이, 30%의 확률로 100억 원의 손실이 난다.

이렇게 2가지 경우의 수를 만나게 되었을 땐 최대치의 데이터를 수집하고 분석해 고민해야 한다. 그다음은 직감에 맡겨야 한다. 좋은지 싫은지, 하고 싶은지 하기 싫은지가 바로 '직감'의 영역이다.

단, 직감의 전제는 가치관이 되어야 한다. 돈만 잘 벌면 되는가, 자사의 제품과 서비스로 사회에 이바지하고 싶은가? 둘 중 어떤 가치관을 가지고 있느냐에 따라 직감이 달라진다.

굳건한 가치관 없이 논리로만 결정하면 유일한 가치관은 '돈'이 된다. 물론 돈이 가치관이 되어도 된다. 하지만 자신과 잘 맞는 다른 가치관이 있는데도 아는 가치관이 돈밖에 없어서 돈을 선택하게 되어선 안 된다. 어떤 삶을 원하는지, 무엇을 하고 싶은지를 항상 자문하면서 가치관을 명확히 해두길 바란다.

7장

(발상 센스)

참신한 아이디어의 재료를 확보하라

!

내 머릿속의 서랍

번뜩임이 바로 발상 센스다. 하지만 발상 센스는 타고난 능력이 아니다. 아이디어가 넘치는 천재들도 아무것도 없는 허허벌판에서 참신한 아이디어를 뚝딱 만들어낼 수 없다. 그럼 어떻게 해야 이 힘을 기를 수 있을까?

데이터베이스 서랍을 만든다

나는 '다양한 분야에 관심을 가진 사람일수록 서랍이 늘어나고 사물이 잘 보인다.'고 생각한다. 서랍마다 라벨이 붙어 있고, 그 안에는 라벨에 맞추어 분류된 데이터가 정리되어 들어있다. 자극을 받으면 그 자극에 적절한 서랍이 열리니 서랍 속 정보를 쓰면 된다.

하지만 언제나 예상되는 서랍이 열리진 않는다. 평소와 다

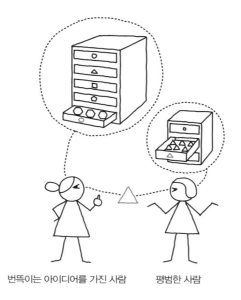

번뜩이는 아이디어를 가진 사람　　　　평범한 사람

른 서랍이 예고도 없이 불쑥 열리기도 한다. 바로 그때 뜻하지
않은 발상, 번뜩이는 아이디어가 태어난다. 따라서 뛰어난 발
상을 하는 사람은 뻔한 서랍이 아닌 다른 서랍을 여는 사람이
라고 볼 수 있다.

관심의 폭을 넓힌다

　서랍의 수가 적거나, 서랍 속 내용물이 거의 없으면 무용지
물이다. 따라서 더 많은 서랍을 만들고, 내용물을 가득 채우고
싶다면 관심의 폭을 넓혀야 한다.

개인의 역량을 발전시킬 수 있는 인풋을 가능한 한 넓히고 유지하는 게 전제다. 최근에는 쓸데없다고 여겨지는 일은 최대한 안 하고, 정보도 효율성만 중시해 엄선하는 풍조가 강해지고 있다. 하지만 데이터베이스의 영역을 최대한 넓히기 위해서는 관심의 폭이 넓고 깊은 것이 좋다.

서랍의 수와 내용물을 충실하게 만든다

서랍은 많을수록 좋다. 그래야 선택지가 많아진다. 데이터베이스는 말 그대로 데이터가 베이스라는 뜻인데, 내용물이 활성화되지 않으면 아무 소용이 없다는 의미기도 하다.

서랍의 몇 번째 칸에 무엇이 있는지 알게 되면 필요할 때 적절히 찾아 쓸 수 있다. 체계적으로 정리된 인풋은 아웃풋을 내야 할 때 혼란을 방지하고 남들과는 차원이 다른 발상의 문을 열어준다.

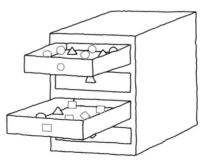

서랍을 제대로 정리해야 아웃풋에 필요한 인풋을 적재적소 활용할 수 있다.

정보력 싸움에서 앞서야 이긴다

서랍을 늘리고 내용물을 채우는 데 집중한 나머지 아무 정보나 흡수하면 안 된다. 잘못된 정보를 집어넣으면 잘못된 발상을 하게 된다. 정보의 정밀도와 신선도가 중요한 이유다.

출처를 세심히 조사한다

정보의 정밀도는 정보가 충분히 옳다는 것, 적어도 틀리지는 않았음을 의미한다. 정보의 신선도는 최신의 것, 적어도 오래되지는 않았다는 것을 의미한다.

정밀도를 높이기 위해서는 출처가 중요하다. 인터넷상의 정보는 얻기는 쉽지만 신뢰하기는 어렵다. 인터넷을 활용할 때는 정보의 근거, 믿을만한 정부 및 기관의 데이터베이스 등을 확인해 보기를 권한다. 적어도 신용할 수 있는 신문사의 기사나 신용할 수 있는 저자가 쓴 책 등에 근거해야 한다.

정보의 신선도를 유지한다

기존에는 옳았던 정보도 시간이 흐르며 틀려질 수 있다. 특히 통계가 그렇다. 정보의 신선함을 유지하기 위해서는 새로운 정보를 계속해서 업데이트해 주어야 한다.

선입견을 배제하고 다면적으로 본다

사람은 자신에게 유리한 관점에서 바라보고 생각한다. 똑같은 사실과 현상에 대해 성향이 다른 신문사나 정치인이 완전히 다른 논조를 보이기도 한다. 하지만 한 쪽의 주장에만 귀를 기울이면 무엇이 정확한 사실인지를 파악하기 어렵고 주관을 가지기도 힘들다.

무슨 일이든 다면적으로 보는 버릇을 들여야 한다. '이것과 다른 시각이 있지 않을까?'라는 열린 자세로 접근할 필요가 있다.

어떻게 저런 생각을 했을까

발상은 과제에 집중해 생각을 이어가는 과정에서 탄생한다. 그 발상을 검증하거나 실현 가능한 형태로 만들기 위해서는 '사고력'이 필요하다.

사고력이 있어야 좋은 발상을 할 수 있다

논리적 사고력을 이용해 논리를 구성하고 기획하는 것만으로는 충분히 독창적인 발상이라고 할 수 없다. 하지만 어떤 발상을 할 때 논리적 사고력이 있으면, 발상을 특별하게 만들어 실현할 수 있게 한다.

안타깝게도 지금 우리가 사는 시대에서는 가만히 손 놓고 있으면 사고력이 떨어진다. 컴퓨터와 인터넷, 인공지능의 보급으로 사회가 급속도로 편리해졌지만 그만큼 머리를 쓰지 않는 사회가 되어버렸다. 컴퓨터가 많은 일을 처리해 준다는 것은 누구나 할 수 있는 일과 직업이 늘어났다는 증명이기도 하다. 그런 직업은 미래에는 로봇과 AI로 대체될 수밖에 없다. 그렇기 때문에 인간이 가질 수 있는 차별점인 사고력과 발상이 요구되는 것이다.

발상 센스는 독창적인 발상을 하고 그 발상을 논리적 사고력과 실행력을 통해 실현해 완성하는 힘이다. 급변하는 시대를 살아나가기 위한 무기다.

발상은 가설에 지나지 않는다

강조하고 싶은 점은 발상 센스가 전부는 아니라는 점이다. '아이디어가 좋은 사장이 회사를 망친다.'라는 경영 격언이 있다. 중소기업에서는 사장이 무언가를 하자고 하면 따를 수밖에 없다. 드물게 사장의 제안이 성공으로 이어질 때도 있지만, 그렇지 않을 때도 적지 않다.

아무리 뛰어난 아이디어라도 아이디어에 머무는 동안은 가설에 불과하다. 그 가설을 검증하는 것이 논리적 사고력이다. 다른 사람들에게 논리적으로 설명해 설득할 수 있고, 실현할 수 있는 형태를 머릿속에 그리고 있다면 실현 가능성이 높은 발상을 하고 있다고 볼 수 있다.

① 발상한다.

② 그 발상을 가설로 삼아 논리를 구성하고, 정말로 결과가 나오는 지를 검증한다.

③ 결과가 안 나올 것 같거나 리스크가 너무 높은 가설은 배제한다.

④ 결과가 나올 것 같은 가설은 실현 가능한 형태를 그린다.

무엇을 꿈꾸든 정확하게 꿈꾸어라

좋은 발상을 하려면 구체적인 목표를 가져야 한다.

지향해야 할 목표를 명확히 한다

한 도쿄증시 프라임 상장기업의 이사회에 참석했을 때의 일이다. 서비스업 회사였던 만큼 그들은 매출 증대를 위한 차별화 전략으로 직원의 질을 높이는 연수를 계획하고 있었다. 하지만 유감스럽게도 너무나 막연했다. 직원의 질을 높인다는 대략적인 계획만 있을 뿐, 질을 어느 수준으로 높일지(동종 업계·다른 업계·외국 업계 회사 중 어디와 비교할 것인가 등) 같은 구체적인 목표가 없었다. 명확하고 세세한 목표 없이는 변화를 도모할 수 없다.

목표를 구체적으로 세울 때 무엇을 해야 할지 보이기 시작한다. 발상은 구체화된 계획 사이에서 힘을 발휘한다.

완성된 형태를 구체적으로 이미지화한다

아이디어는 '이런 걸 실현하고 싶다.', '이렇게 되고 싶다.'라고 원하는 바를 분명히 이미지화할 때 떠오른다. 스티브 잡스가 하루아침에 맥북과 아이폰을 만들었던 건 아니다. 스티브 잡스는 '이 정도 두께의 상품을 만들고 싶다.'는 디테일하고 강력한 의지를 가지고 있었다. 발상을 형태로 만드는 실행력도 중요하지만, 초기 목표와 그에 수반되는 발상 없이는 기술도 없었을 것이다.

미래는 과거를 먹고 자란다

다양한 사례를 많이 알고 있을수록 떠올릴 수 있는 것도 많아
진다.

과거 사례를 조사한다

일본 우편에서 발행하는 신년 엽서의 우표 디자인은 매년
달라진다. 그중에서도 2015년도 우표 디자인에 관한 이야기
를 해보려 한다.

2015년은 양띠 해였던 만큼 신년 엽서의 우표 디자인도 손
뜨개 목도리를 두른 양 그림이었다. 문득 나는 그로부터 12년
전, 2003년도 양띠 해의 디자인이 궁금해졌다. 2003년도 우표
에서는 양이 뜨개질을 하고 있었다. 그러니까 이 양은 12간지
가 한 바퀴 도는 동안 목도리를 완성한 것이다.

뜨개질하는 중
(2003년)

뜨개질이 완성된 모습
(2015년)

과거 사례와 관련지어 발상한다

이와 같은 스토리텔링은 2003년과 2015년의 우표 디자이너가 같았기 때문에 탄생할 수 있었다. 신년 엽서 디자인을 의뢰받는 디자이너가 어떻게 우표를 디자인하게 될지를 상상해보면 어떻게 발상 센스를 발휘하는지를 알 수 있다.

디자이너가 2003년에 2015년도를 염두에 두고 우표를 디자인했을까? 아니다. 디자이너는 2015년에 12년 전의 디자인을 다시 찾아보았을 테고, 거기에서 아이디어를 얻었을 것이다.

과거의 사례를 조사해 관련지어 생각하는 것도 발상 방법 중 하나다. 자신의 과거도 좋고, 자신이 과거에 한 일도 좋고, 자신과 무관하게 과거에 일어난 일도 좋다. 과거 사례를 기반으로 두면 새로운 발상이 쉽게 탄생한다.

모방은 창조의 시작점이다

발상에는 여러 가지 방법이 있다. 모방이 새로운 발상을 낳기도 한다. 사실 성공한 상품들 중 대다수가 모방에서 비롯되었다.

모방으로 시작한다

예전에 시가 현의 나가하마시에 갔을 때의 일이다. 그 무렵에는 NHK에서 대하드라마 〈구로다 간베에〉를 방영하고 있었다. 나가하마시는 구로다 간베에와 연고가 있는 고장이었는데, 그래서인지 가는 곳마다 이와 관련해 참신한 이름을 단 상품들이 즐비했다.

간장가게에는 간장을 사용해 만든 '구로다 센베(센베이-전병)', 빵집에서는 이를 모방해 '구로다 빵베', 양조장에서는 쌀

누룩을 사용해 만든 '구로다 캔디'를 팔았다. 이런 사례들은 이름을 모방함으로써 공통의 이미지를 만들고, 그걸 바탕으로 자사의 강점을 활용해 독특한 상품을 개발한 것이다. 특히 상품 개발 분야에서는 모방으로 시작해 성공을 거둔 사례가 많다.

차이를 더하고 독창적인 발상으로 완성한다

세계적으로 대성공을 거둔 에너지 드링크 '레드불'은 오스트리아 제품이다. 하지만 원래는 태국인 창업자가 자국에서 판매되던 청량음료를 모방한 것이다. 그 제품에 일본 다이쇼제약의 리포비탄D의 성분을 참고하면서 저소득층도 구매할 수 있는 가격대를 확보했다.

이렇듯 타사의 상품, 타국에서 인기를 끄는 상품 및 서비스에 자극을 받으면 '일단 모방하고, 거기에 새롭고 독창적인 발상을 연결시킨다.'로 새로운 발상을 탄생시키는 게 대표적인 방법이다.

다양한 시선은 센스가 된다

남다른 발상을 하려면 역지사지는 기본이다.

새의 눈: 위에서 내려다본다

어떤 업계에서든 '젊은 사람'의 생각과 발상을 중시한다. 하지만 일반적으로는 평범한 사원보다 사장의 발상이 더 풍부하다. 뜻의 차이, 책임감과 위기감에서 오는 차이도 있지만 그보다는 사장이 회사에서 일어나는 일과 사업을 둘러싼 다양한 상황을 위에서 내려다볼 수 있는 입장에 놓여 있기 때문이다.

사물을 위에서 내려다보는 시선이 바로 '새의 눈'이다.

곤충의 눈: 가까이서 겹눈으로 본다

사물을 가까이서 켜켜이 바라보는 '곤충의 눈'도 중요하다. 하나의 시각만 고집하지 않고 다양한 시점에서 보는 것을 겹눈이라고 표현한다. 새의 눈과 곤충의 눈으로 동시에 볼 수 있다면 다양한 상황을 헤쳐 나갈 수 있는 발상을 한다.

물고기의 눈: 흐름을 본다

'물고기의 눈'은 흐름을 보는 눈이다. 세상의 흐름, 사회의 변화를 포착해 그 속에서 사물을 파악하고 미래를 본다.

장소를 바꾸어서 본다

새, 곤충, 물고기의 시점을 가지기 위해서는 자신의 시점이 고정되지 않도록 유의해야 한다. 사람은 누구나 본인이 처한 환경과 상황에 치우친다. 하지만 장소만 바꾸어도 시점은 손쉽게 변한다.

예를 들어 도쿄에서는 이미 저버린 벚꽃이 동북부 지역에서는 막 만개했을 수도 있다. 장소만 바꾸어도 보이는 것이 달라진다.

뜻이 있는 곳에 길이 있다

앞서 나는 목표의 중요성에 대해 강조했다. 그 목표 위에는 목적, 즉 뜻이 있다. 뜻이 있는지와 없는지, 어떤 뜻을 가지고 있는지가 발상의 크기와 내용물에 영향을 미친다.

높은 뜻을 가진다

뜻이 있는 사람과 없는 사람의 발상 차이는 현격하다. 일을 통해 많은 사람에게 도움이 되고 싶고, 세상에 이바지하고 싶다는 높은 뜻이 있으면 세상 사람들이 기뻐할 발상을 쉽게 할 수 있다.

반면, 자신만 좋으면 그만이고 자신의 회사만 돈을 벌면 그만이라는 생각으로는 좋은 발상을 할 수 없다. 일시적으로 잘될 수는 있지만 오랫동안 많은 사람에게 사랑받는 상품이나 서비스를 만들기 어렵다.

리스크를 무릅쓰고 도전한다

일론 머스크는 세상의 모든 자동차를 전기차로 바꾸고 싶다는 뜻이 있었다. 그렇기 때문에 테슬라를 창업했다. 심지어 "우리 회사의 전기차가 아니라도 좋다."라고까지 말하면서 말이다. 그 속에는 '가솔린 엔진을 없애 지구 온난화를 막고 싶다.'는 뜻이 있었다. 테슬라도 창립 초기에는 우여곡절이 많았지만, 지금은 대표적인 전기차 브랜드가 되었다.

또 한편으로 일론 머스크는 미래 지구는 인구 폭발 등으로 충분한 거주지를 확보할 수 없다고 생각한다. 그런 이유에서 스페이스X를 설립해 화성으로의 인구 이주를 적극적으로 고민하고 있다. 화성으로 가는 경비를 절약할 목적으로 발사에 사용하는 부스터 로켓을 재활용해야겠다는 생각도 했다. 결국 그는 재활용 가능한 로켓 개발에도 성공했다.

전기차와 부스터 로켓 모두 뜻이 있었기에 가능한 사업이었다.

일론 머스크는 보통은 주저하게 마련인 리스크를 지속적으로 무릅썼다. '뜻이 있는 곳에 길이 있다.'는 말처럼 뜻이 있었기에 리스크를 감당할 수 있었고, 평범한 사람은 좀처럼 하지 못하는 발상을 해냈다.

왜 자꾸 머릿속이 새하얘질까

발상 자체를 못 하는 사람은 없다. 다만 발상이 태어나기 힘든 상황에 처했을 뿐이다. 달리 말하자면 발상을 저해하는 요인을 제거하면 누구나 발상 센스를 발휘할 수 있다.

일상생활의 폭이 좁다

사람에게는 누구나 컴포트 존이 있다. 컴포트 존은 그 안에 있을 때는 안정감을 느끼지만 벗어나면 위화감을 느끼는 구역을 의미하는 심리학 용어다. 어떤 일이 일어나도 별로 동요하지 않는 사람은 컴포트 존이 넓다. 반대로 작은 변수에도 패닉에 빠지는 사람은 컴포트 존이 좁다.

발상은 틀을 벗어난 곳에서 나타난다. 컴포트 존이 좁은 사람일수록 일상생활과 행동의 반경이 좁고, 뇌 속 서랍의 수와 내용물도 빈약하다. 발상의 재료가 되는 인풋의 범위도 좁아진다. 자신이 있는 곳에만 안주하며 꼼짝하지 않으면 발상 센스가 저해될 수밖에 없다.

과거의 성공에 집착한다

스티브 잡스, 소프트뱅크의 손정의처럼 성공한 기업의 수장은 하나의 성공에서 다시 새로운 발상을 낳아 사업을 확대한다. 이에 반해, 전통적인 대기업이 새로운 시대의 비즈니스 흐름에 올라타지 못하는 이유는 과거의 성공 체험에서 벗어나지 못하고 있기 때문이다.

개인도 마찬가지로 과거에 성공했던 방법만 고집하기 쉽다. 하지만 과거의 방식을 답습하기만 하면 새로운 성공을 이끌 수 없다. 자신의 '틀'을 뛰어넘으려는 기개가 결국 새로운 성공 경험을 만들어준다.

사고력이 결여되어 있다

자신의 생각을 절대시하는 독선적인 상태도 발상을 방해한다. 독선적인 태도는 개방적이고 논리적인 사고력이 부족하다는 뜻이기도 하다. 사물을 깊이 사고하지 않기 때문에 독선적이게 되는 것이다.

독선의 반대는 '유연한 마음'이다. 자신의 생각이 절대적이라고 여기지 않기 때문에 적극적으로 다른 사람의 의견을 모으고 수용한다. 동시에 자신의 생각의 폭을 넓히고 깊이 있게 만들려고 노력한다.

관심의 폭이 좁다

나는 닛케이의 '경제 지표 대시보드' 속 숫자를 대부분 기억한다. 일부러 외운 게 아니라, 관심이 있으니 저절로 외워졌다. 이는 흥미와 관심의 문제다. 경제 지표가 자신의 일과 인생이랑 무슨 상관이 있냐고 생각하는 사람들의 머리에는 절대 그 숫자들이 들어오지 않는다.

하지만 관심의 영역과 폭은 넓을수록 좋다. 손에 쥐고 있는 패가 많아야 낼 수 있는 패도 많아지는 법이다.

유머가 없다

아이디어가 좋은 경영자들은 대체로 유머러스하고 센스가 좋다. 그들은 재미있는 일을 하고, 재미있는 기획을 궁리하기 바빠서 발상 센스가 풍부할 수밖에 없다.

안 되는 이유를 찾는다

같은 어려움에 직면해도 할 수 있다고 생각하는 사람과 잘 될 리 없다고 포기해 버리는 사람이 있다. 이는 머리의 좋고 나쁨과는 무관하다.

잘될 리 없다고 생각하는 사람은 못 하는 이유부터 생각한다. 이른바 합리화를 한다. 하지만 해내는 사람은 할 수 있다고 생각하고 방법을 찾는다. 실패를 두려워하기 전에 먼저 '할수 있다.'는 마음가짐을 가지기 바란다. 좋은 발상은 긍정적인 마음가짐에서 나온다.

시키는 일만 한다

매뉴얼대로 착실하게 행할 때도 새로운 아이디어를 떠올리지 않으면 사고 정지 상태에 빠진다. 시키는 일만 잘하는 사람은 설사 실패해도 자신은 시키는 대로 했으니 책임질 필요가 없다고 생각한다. 자기 일이 아니라 남의 일이라고 생각한다. 내 일이라고 생각하면 남이 시킨 일이라도 더 발전적인 방법을 모색하게 된다. 남이 아닌 '나'의 일로 받아들이기 위해서는 한 걸음 더 파고들어 일하는 습관을 가져야 한다.

아웃풋 습관이 없다

노트나 블로그에 잘 정리된 글을 쓰는 사람은 어느 정도의 발상 센스를 가지고 있다. 지속적인 글쓰기야말로 발상의 기초다. 반대로 노트든 블로그든 회의에서의 발언이든, 평소에 무언가를 만드는 아웃풋 습관이 없으면 발상하는 힘은 점점 고갈된다.

발상이 있어서 결과물을 만들어내는 게 아니라, 결과물을 만드는 아웃풋 습관이 있기 때문에 참신한 발상을 할 수 있다.

오랜 시간을 들여 일한다

많은 사람이 매일 늦게까지 야근한다. 하지만 시간만 들여 일한다면 결국 한계에 다다르게 되고, 그 이상의 생산성 향상은 일어나지 않는다. 필요한 것은 업무의 질적 향상이다. 시간에 의지하지 않고 짧은 시간에 원하는 결과를 내려면 아이디어가 필요하다. 따라서 시간을 많이 투자해 승부하면 결국 발상 센스가 저해된다.

기억력으로 승부한다

지식을 채우는 데도 한계가 있다. 아무리 노력해도 컴퓨터를 이길 수는 없다. 무작정 외우기만 하면 독창적인 발상을 못하게 되어 도리어 머리가 나빠진다. 아무리 지식을 머릿속에 채워 넣어도, 대부분은 인터넷 검색만 하면 나온다. 심지어 큰 노력 없이 공짜로 얻을 수 있다. 그런 이유에서 앞으로는 지식보다는 사고력과 발상 센스를 키운 직장인이 성공하게 될 것이다.

현재 상황에 만족한다

외국계 기업에 근무하는 지인에게 "어찌어찌 살아남았다."라는 말을 들은 적 있다. 외국계 기업에서는 부단한 노력 없이는 살아남기 힘들다. 그런 이유에서 언제나 막다른 곳에 몰린 듯 절박하지만, 그렇기 때문에 풍부한 발상을 한다. 애쓰지 않아도 되는 상황에서는 좀처럼 발상 센스 발휘할 기회가 없다는 말이기도 하다.

미국의 경영 컨설턴트인 짐 콜린스는 "Good은 Great의 적"이라고 말했다. '적당히'에 만족하게 되면 '최선의' 목표를 등한시하게 된다. Great를 목표로 하지 않으면 Good의 상태조차 유지할 수 없다.

Great를 지향하기 위해서는 외국계 기업 특유의 위기감이 필요할지도 모른다. 하지만 더 긍정적인 방법이 있다. '가능한 한 최고의 자신'을 떠올리고 그런 '나'를 위해 최선을 다하는 것이다. 그렇다면 Great의 영역에 도달할 수 있다.

창의적 발상을 만드는 창조적 습관

발상 센스는 습관을 통해서도 빠르게 성장시킬 수 있다.

평소 잘 안 가는 장소에 가본다

책과 인터넷을 통해 발상의 소재가 되는 지식 및 정보를 얻는 것도 중요하지만, 직접 경험을 당해낼 수는 없다. 실제로 보고 들은 정보의 양과 자극의 크기는 생각보다 훨씬 크다. 나도 젊은 시절의 미국 유학 경험과 캄보디아에서 PKO(유엔 평화유지활동)에 참가한 경험으로 발상 센스 키우기에 큰 도움을 얻었다.

기회를 찾고 국내외에 상관없이 가능한 한 많은 경험을 쌓길 바란다. 물론 이 경험에는 즐거움뿐만 아니라 고생도 포함되어 있다.

미리 공부하고 관찰해서 더 많이 습득한다

어디에 가거나 무언가를 볼 때, 미리 조사를 해두면 시선의 깊이가 달라진다. 콘서트와 공연도 마찬가지다. 예상하지 못했을 때 따라올 감동도 있겠지만, 예습하면 해석의 여지가 더 넓어진다. 명화를 보고 그 시대를 읽어내는 것과 같다.

호불호로 결정하지 말고 많은 사람을 만난다

사람을 만나는 것은 최대의 자극이다. 상대가 발상 센스가 높은 사람이라면 더욱 그렇다. 그 사람이 사물의 어떤 점에 주목하는지, 어떤 식으로 생각하는지를 알 수 있고 배울 수 있다. 또한 세상에는 보통 사람과는 완전히 다른 기발한 발상을 하는 사람이 있다. 그런 사람을 만났다면 자신의 틀을 깨게 될 수도 있다.

대화를 주고받음으로써 상승효과도 기대할 수 있다. 그 사람의 발상과 자신의 발상을 조합하면 혼자서는 전혀 떠올릴 수 없는 생각을 하게 된다. 단, 자신이 어떤 사람을 만날지 호불호로 결정하지 말아야 한다. 뜻이 안 맞는 사람이라면 뜻이 안 맞기에 배울 점이 있다.

신문·책·TV·인터넷을 이용한다

다양한 미디어를 두루 체크하는 것은 관심의 폭을 넓히기 위한 습관이다. 늘 보는 프로그램, 좋아하는 신문 섹션, 애용하는 사이트보다는 볼 생각도 없었고 존재조차 몰랐지만 우연히 보게 된 프로그램과 사이트가 더 큰 자극이 되어 새로운 발상을 가져다준다.

자신의 흥미·관심의 틀 안에만 머무르지 않고, 개인이 아닌 사회의 관심의 폭 가까이로 최대한 근접시키는 훈련은 작은 결심으로도 할 수 있다.

경험에 적극적으로 투자한다

어디를 가든 돈이 든다. 하지만 돈이 없다는 이유로 책을 사고, 사람을 만나고, 다양한 경험을 소비하지 않으려 하면 안 된다. 경험에는 돈을 아끼면 안 된다. 경험은 발상을 낳고, 명확한 형태를 만들어준다. 이렇게 경험을 통한 결과물을 만들어내다 보면 언젠간 그 경험이 몇 배, 몇 십 배로 돌아온다.

아웃풋의 전제는 인풋이다. 인풋을 위해 어느 정도의 투자는 필수다.

낯선 길로 간다

낯선 길을 피하기보다 낯선 길로 가려 해야 한다. 심리적으로 위축되는 시기일수록 낯선 길을 경험해야 한다. 일상생활 속에서도 가볍게 도전할 수 있다. 하지만 안타깝게도 바쁜 시기에는 낯선 곳으로 갈 여유조차 없다. 발상 센스를 제대로 발휘하기 위해서 마음의 여유가 필요하다. 낯선 길로 가기 위해서라도 마음의 여유를 유지하기 위해 노력해야 한다.

발걸음은 가볍게, 일단 뭐든지 해본다

할까 말까 고민되면 한다. 이 또한 발상력이 풍부한 사람들의 공통적인 습관이다. 망설이지 않고 직진하기 위해서는 발걸음이 가벼워야 한다. 본인이 우유부단하고 익숙한 것을 추구하는 편이라고 생각된다면 작은 일이라도 일단 해보고 움직여야 한다.

다양한 장소에 익숙해진다

긴장하면 좋은 발상을 할 수 없다. 편안한 상태여야 실력을 충분히 발휘할 수 있다. 그러기 위해서 다양한 곳에 가보아야 한다. 여러 장소에 익숙해져야 컴포트 존이 자연스레 넓어진다. 낯선 장소나 상황에서 긴장하지 않을 수 있을까? 없다. 누구에게나 처음은 긴장된다. 하지만 그 긴장감에 조금씩 익숙해지면 긴장감 속에서도 중심을 잃지 않을 수 있다.

아이디어를 바로바로 메모한다

샤워를 하다가 문득 기발한 생각이 떠오른 적 있는가? 그럴 때 생각을 그저 흘려보내는가, 기록하는가? 생각날 때 바로 메모하는 습관은 언젠가 꼭 도움을 준다.

컨디션을 좋은 상태로 유지한다

계속해서 언급하고 있다시피 발상 센스와 컨디션은 아주 긴밀한 관계다. 수면의 양질을 관리하고 과음 혹은 과식하지 않으며 꾸준히 스트레스를 관리하는 등 조금만 신경을 써도 좋은 컨디션을 유지할 수 있다. 꾸준하게 관리된 자신이야말로 가장 큰 무기다.

편견을 지운다

앞서 말한 습관들을 다 습득했더라도 배움의 자세 없이는 아무 소용없다. 특히 사람을 만날 때 편견을 지우면 누구에게나 많은 걸 배울 수 있다. 더불어 인맥도 넓어진다. 따라서 무언가를 쌓아올리고 만들어가기 전에 '자신의 마음이 열려 있는지'부터 점검해 보길 바란다. 그 후에 좋은 습관을 만들 수 있다.

8장

(실행 센스)

망설일 시간에 시작하라

!

꿩인가 알인가

나는 직장인에서 나아가 비즈니스 퍼슨이 되기 위한 기초가 사고력과 실행력이라고 생각한다. 실행력은 결과를 내는 행동이다. 결과를 내려면 단계적으로 진행해야 한다. 가장 처음 해야 할 일은 '목표를 명확히 아는 것'이다. 목표가 모호하면 진행 상황조차 제대로 알 수 없다.

하고 싶은 것과 요구되는 것을 분리한다

목표가 모호하면 결과를 도출하지 못하고 노력하고도 좋은 평가를 얻지 못한다. 여기서는 '무엇이 하고 싶은가?', '무엇이 요구되는가?'에 따른 목표 설정이 필요하다.

'수익을 얼마를 올릴 것인가?', '몇 건의 계약을 체결할 것인가?', '무엇을 어디까지 공부할 것인가?' 등이 모호하면 결과를 낼 수 없다. 일뿐만 아니라 인생에서도 마찬가지다.

가치관을 명확히 한다

인생에서 무엇을 지향하느냐는 결국 가치관의 문제다. 지향점이 개개인에게 있어 행복이 무엇인지를 보여주기 때문이다. 취직과 이직, 결혼 등이 목표가 될 순 없다. 행복해지는 것이야말로 목표다. 따라서 무엇으로 어떻게 행복해질 수 있는지를 알아야 한다.

목표가 명확해지면 목표 달성 시 얻을 수 있는 것(리턴)과 잃을 수 있는 것(리스크)을 추정해야 한다. 리스크와 리턴의 균형이 잘 맞으면 의욕과 지속성을 위한 에너지가 된다.

리스크

무언가를 하려면 그 일의 리스크를 미리 알아두어야 한다. 리스크가 너무 크면 의욕이 나지 않아 계속하기 어렵다. 하지만 어떤 일에나 리스크는 따른다. 또한 리스크 평가에는 상황에 따른 주관이 개입하기 쉽다는 점도 주의해야 한다. 이직을 간절히 원할 때는 이직처의 리스크를 과소평가할 수 있다. 혼자서만 판단하기보다 제삼자의 도움을 통해 객관적인 분석을 해야 한다.

리턴

리턴이 꼭 경제적인 가치만을 포함하고 있진 않다. 주위 사람을 기쁘게 하고 성취감을 맛보게 하는 것도 정신적인 리턴이다. 리턴이 크면 당연히 행동으로 옮기기도, 계속하기도 쉬워진다. 반면 리턴이 작으면 쉽사리 의욕을 내기 힘들다.

절차대로 처리하겠습니다

목표가 정해지면 끝까지 확실하게 밀어붙여 결과를 내는 로직(Logic)을 구성한다. 로직은 합리적인 프로세스를 일컫는다. 어떤 프로세스를 거쳐야 결과를 낼 수 있는지를 논리적으로 생각할 수 있어야 한다.

결과를 내기 위한 수순을 생각한다

큰 안건을 진행할 때, 프로젝트 리더를 맡았을 때도 하나하나 논리적으로 밟아야 할 프로세스가 있다. 이직을 예로 들면 '구인구직 사이트를 본다.', '헤드헌팅 업체에 등록한다.', '이직할 회사를 소개받으면 그 회사를 알아보고 업계 상황을 조사한다.' 등의 프로세스를 거치게 된다.

수순을 로드맵에 반영한다

프로세스를 잘 파악하려면 머릿속 수순을 로드맵으로 만들어보아야 한다. 순서를 차례대로 적어나가면 더 객관적으로 볼 수 있다. 다른 사람에게 검증을 받기도 용이해진다. 그에 더하여 적으면서 생각이 정리되고 명료해진다는 이점도 있다.

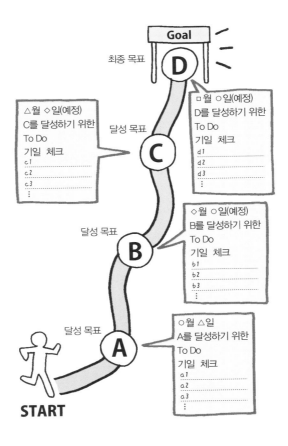

내가 나의 매니저가 되어야 한다

프로세스를 로드맵화하고, 할 일을 투두 리스트에 적고, 기한을 명확하게 설정해 일람표로 만들기 전에 주의할 점이 있다.

무리한 스케줄을 잡지 않는다

스케줄은 자신과 팀원들의 능력을 충분히 파악한 뒤에 짜야 한다. 시간, 자금, 설비 같은 리소스 문제도 있다. 이를 제대로 파악하지 못한 상태로 계획을 세우면 그저 계획으로만 그치니 사기가 저하된다. '그게 뭐 어렵나?' 할 수도 있지만 스케줄을 잘 짜기란 말처럼 쉬운 일이 아니다. 사람은 누구나 자신의 능력을 과대평가하는 경향이 있기 때문이다.

한계를 파악하고 때로는 포기한다

시간, 자금, 인력 등의 리소스를 객관적으로 평가하고 지금까지의 실적을 검토해 그 리소스가 얼마만큼의 확률로 충분한 능력을 발휘하는지 살펴보아야 한다. 즉, 자신(들)의 한계를 알아야 한다. 아직 능력이 충분하지 않다면 능력을 보강한다. 팀이나 팀원을 충원하는 등의 조치를 취해야 한다. 어쩌면 이 과정에서 프로세스 혹은 목표 자체의 변화가 필요할지도 모른다. 경우에 따라서는 과감히 포기해야 한다.

저 사람은 왜 인기가 많을까

일은 결국 협업이다. 목표를 달성하고 결과물을 내기 위해서는 사람을 끌어들이고 사람을 움직여야 한다. 사람을 끌어들이기 위해서는 2가지 요소가 필요하다.

신념을 가진다

사람은 언제 움직일까? 지향하는 목표를 공유할 때다. 그러기 위해서는 스스로 그 목표가 가치 있다고 믿어야 한다. 소신이 있다면 자연스레 다른 사람에게도 각인된다. 그 신념이 상대에게 잘 전해질 때, 즉 그 목표가 납득이 되어야만 비로소 사람을 움직일 수 있다. 사람은 단순히 논리로만 움직이는 존재가 아니기 때문이다.

솔선수범한다

사람을 움직이려면 본인이 먼저 행동해야 한다. 행동으로 모범을 보여야 한다. 이 행동 또한 자기신뢰에서 비롯된다. 스스로를 신뢰하지 않는다면 앞장서서 행동할 수 없다. 우물쭈물 망설이는 사람을 어떻게 따르겠는가? 확신을 가지고 누군가가 먼저 움직일 때 주위 사람들도 움직이기 시작한다.

« 65. 지구력 »

오래 달리려면 튼튼한 다리가 필요하다

실행은 결과를 내는 행동이다. 따라서 결과가 나올 때까지 계속해야 한다. 그렇지 않으면 실행되었다고 볼 수 없다.

정해진 시간에 정해둔 장소에서 한다

개인적인 활동이라면 시간과 장소를 정해두고 반복하는 방식으로 습관화할 수 있다. 예를 들어, 매일 아침 영어 뉴스를 듣다 보면 자연스레 들리는 단어가 많아지고 어느 순간 문장을 이해하게 된다. 루틴화해 두면 서서히 능력이 확장된다.

끈기 있게 추진한다

목표를 설정하는 과정에서는 시행착오가 있어도 괜찮다. 하지만 목표를 정했다면 그때부턴 포기하지 않아야 한다. 당장 눈에 띄는 성과가 나오지 않더라도 집요하게 추진해야 한다.

일에서 절박감과 긴급성을 찾는다

어떤 일을 계속하려면 자신이 하는 일에서 가치를 찾아내야 한다. 절박하고 긴급할수록 계속성이 커지고 달성 속도도 빨라진다. 언젠가 해외주재원을 해보고 싶다고 생각할 때보다 당장 3달 뒤에 해외 장기출장이 예정되어 있을 때가 훨씬 더 영어 공부가 잘된다. 그런 식으로 절박감과 긴급성을 찾아내는 것도 계속하기 위한 요령이다.

스스로를 몇 점이라고 평가하는가

앞서 이 장에서 다룬 내용들은 결과를 내기 위한 스텝이었다. 이 스텝을 부지런히 밟았다면 어떤 결과가 나왔을 것이다. 그렇다면 그 결과를 평가해야 한다.

결과가 좋든 나쁘든 반드시 되돌아본다

예상했던 것보다 좋은 결과를 얻게 되면 딱히 되돌아보지 않는다. 반성도 하지 않는다. 하지만 일이 잘될수록 '왜 잘되었을까?'를 질문해 보고 돌아보아야 한다. 단순히 운이 좋아서였다면 다음번에는 성공하지 않을 것이다. 잘된 이유와 성공 프로세스를 정확히 파악해 성공을 재현할 수 있어야 한다.

외부 환경과 내부 환경을 나누어 분석한다

컨설팅을 할 때는 외부와 내부 환경이 어땠고, 그 환경이 어떤 상황에서 어떻게 어우러져 성공 혹은 실패에 영향을 미쳤는지를 분석한다.

외부 환경은 코로나19의 영향처럼 한 기업의 힘으로는 컨트롤할 수 없는 요인을 말한다. 내부 환경은 사람, 물자, 돈, 시간, 노하우 등의 자원이다.

성공의 재현성을 높이기 위해서는 내부 환경을 잘 분석해야 한다. 일을 컨트롤할 수 있는 영역과 없는 영역으로 나누어 컨트롤할 수 있는 영역에서 최선을 다했는지, 개선점은 없는지를 분석하는 것이다. 그리고 그 요인에 최선을 다해야 한다.

컨디션 관리도 능력이다

실행력이 있는 사람은 자신이 컨트롤할 수 있는 요소, 즉 내부 환경을 잘 정비한다. 내부 환경을 평소 잘 정비해 두어야 만족스러운 결과로 이어진다.

시간

시간은 한정적인 만큼 가장 귀중한 자원이다. 따라서 결과를 내기 위해 시간을 얼마나 들이고 얼마만큼의 아웃풋을 내느냐가 중요하다. 같은 시간을 들여도 생산성에서는 차이가 클 수 있기 때문에 시간을 잘 사용하는 방법을 모색해야 한다.

동시에 어떻게 해야 맑은 정신을 유지할 수 있는지도 신경써야 한다. 정신이 맑은 시간대에 지적인 작업을 집중적으로 하면 놀라울 만큼 효율이 높아진다.

시간을 컨트롤하는 센스를 기르기 위해서는 정해진 시간보다 한 발 빠르게 움직여야 한다. 약속 장소에 5분 일찍 도착하기 등 작은 시간을 컨트롤하면서 큰 시간의 컨트롤, 기나긴 인생의 컨트롤을 잘하게 된다.

건강

의욕은 신념과 에너지가 더해진 것이다. 일을 잘하려면 건강해야 한다. 일을 우선시하느라 건강을 뒷전으로 밀어 두지 말고 건강을 가장 먼저 살펴야 한다. 건강하지 않은 상태에서 하는 일은 한계를 맞닥뜨리기 마련이다.

생각만 하지 말고 행동하라

실행과 행동은 동의어가 아니다. 실행은 결과를 내는 행동이다. 행동만으로 좋은 결과를 낼 순 없으므로 행동을 잘하는 사람을 보고 실행 센스가 있다고 할 순 없다. 하지만 무슨 일이든 행동하지 않으면 시작되지 않는 것도 사실이다. 행동을 결과로 만들기 위한 7가지 습관이 있다.

누군가가 부르면 기분 좋게 대답한다

사회생활을 위한 당연한 매너지만 의외로 제대로 못하는 사람이 많다. '대답이 별건가?' 할 수도 있지만 활기찬 응답에는 리듬감과 생동감이 있다. 대답만으로도 일의 태도와 분위기가 결정된다.

기사와 숫자를 메모한다

어제 저녁에 뭘 먹었냐는 질문에 바로 대답할 수 있는가? 아마 쉽지 않을 것이다. 인간의 기억력은 불완전하다. 기억하고 싶은 내용이 있다면 바로바로 메모해야 한다. 메모하는 습관을 가진 사람은 의외로 드물며, 이 메모 습관이 디테일의 차이를 만든다.

메일에 바로 회신한다

오늘 할 수 있는 일은 오늘 해야 한다. 꼭 오늘 할 필요 없다고 나중으로 미루면 안 된다. 메일에 그때그때 회신하는 습관을 가지면 일처리가 빠른 사람이라는 평판도 자연스레 따라온다. 내부적으로 논의가 필요해 즉답하기 어려운 안건이라면, '논의 후 연락드리겠습니다.' 등의 내용을 전하는 것만으로도 충분하다.

5분 일찍 움직인다

5분은 큰 차이다. 단 5분 만으로도 심리적 여유를 확보할 수 있다. 정각에 맞추어 빠듯하게 움직이면 언제나 시간에 쫓기게 된다.

평소 존중하는 습관을 가진다

일상에서 고객을 존중하는 습관을 가지고 있으면 습관이

의식이 되고 의식이 행동으로 드러난다. 그 방법 중 하나가 일상적인 대화를 나눌 때도 고객을 존중하는 어휘를 사용하는 것이다. 모든 비즈니스는 소비자가 있기 때문에 성립된다. 그들을 존중하는 태도가 비즈니스를 결정한다.

인사를 건넨다

거듭 말하지만 인사는 모든 것의 기본이다. 외근을 나가거나 외근에서 돌아왔을 때, 가벼운 인사 한마디가 행동력의 기점이다. 자연스럽게 인사를 건넴으로써 인간관계도 원활해진다. 더불어 팀의 결속력, 친밀감, 행동력도 함께 올라간다.

정기적으로 운동을 한다

일을 하다 보면 급한 프로젝트로 몇 날 며칠 야근을 강행하거나, 외근으로 몸을 혹사시켜야 할 일이 생긴다. 체력이 따라주지 않으면 심리적·신체적 압박감에서 자유로울 수 없다. 그런 이유에서 평소 체력을 잘 관리해야 하고 운동하는 습관을 들여야 한다. 전문적인 센터에 다니거나 스포츠를 하는 것도 좋고, 일상에서 걷기를 늘리는 것만으로도 체력이 좋아진다.

행동만 하지 말고 결과를 내라

무작정 결과를 내기만 하면 소용없다. 좋은 평가와 결과물을 내는 행동 습관이 필요하다.

끝까지 하는 습관을 들인다

행동을 결과로 바꾸려면 끝까지 해야 한다. 일례로 책은 펼치는 사람은 많지만 끝까지 읽는 사람은 드물다. 끝까지 단숨에 읽어도 좋고 느리게 차근차근 읽어도 좋다. 어떤 방법이든 좋으니 마지막 장을 읽고 덮는 습관이 중요하다.

자신이 한 말을 지킨다

믿을 신(信)이라는 글자는 사람(人)의 말(言)을 나타낸다. 신용은 쉽게 얻을 수 없는 가치다. 그만큼 평소 행동이 중요하고, 그중에서도 자신이 한 말을 지키려는 노력이 특히 중요하다. 본인에게 사소하게 느껴지는 약속일지라도 메모해 두고 확인해야 한다.

숫자로 사물을 본다

성공한 사람은 구체적으로 사물을 생각하고 아웃풋을 낸다. 구체화는 어떤 일을 더 깊이 행할 수 있게 만들기 때문이다. 구체화하는 스킬은 '수치화'라고 할 수 있다. 즉, 숫자로 생각하는 사고방식이다. '조금만 더 힘내자.'가 아니라 '앞으로 3시간만 더 힘내자.'라고 생각하는 것이다.

통화를 짧게 한다

일 잘하는 사람은 통화 시간이 짧다. 이 또한 시간을 잘 컨트롤하고 있다는 뜻이다. 메일과 전화 중 적합한 소통 방법을 구분해 사용하는 것도 중요하다.

커뮤니케이션은 의미와 의식이 모두 필요하지만 대부분의 용건은 의미이므로 메일이 적합하다. 반면, 의식을 전하고 싶을 땐 미묘한 뉘앙스를 전하고 공감을 이끌 수 있도록 전화를 사용한다. 이 차이를 구분해 사용하고 용건을 잘 전달해야 한다.

예정된 시간에 회의를 끝낸다

1시간 동안 회의를 진행하기로 했으면 1시간 안에 끝내야한다. 그 이상의 시간을 써버리면 다른 사람의 시간을 낭비한셈이다. 이는 시간이라는 한정된 자원을 잘 배분하는 능력의문제이기도 하다. 주어진 시간 내에 어떻게 결과를 낼지 생각하고 완수하는 습관을 들여야 한다.

유튜브나 SNS에 시간을 낭비하지 않는다

최근에는 유튜브나 SNS에 시간을 빼앗기는 사람들이 늘어나고 있다. 스마트폰으로 잠깐 뭐 하나 검색만 하려다가 순식간에 1시간을 써버리는 식이다. 특히 자기 직전에 영상물을보기 시작하면 수면 부족으로 이어져 다음 날의 생산성과 건강에도 악영향을 미친다. 이럴 때 유튜브나 SNS 보는 시간을정해두면 허투루 낭비되는 시간이 줄어든다.

비단 유튜브나 SNS 만의 이야기는 아니다. 시간을 정해두고 시간 내에 행하는 습관을 들이면 한정된 자원을 더욱 잘 관리하게 된다.

팀원을 칭찬한다

지금까지는 개인이 움직여 결과를 내기 위한 행동에 대한이야기였다. 하지만 대부분은 혼자가 아니라 팀으로 함께 결과물을 만든다. 팀으로 일할 땐 사람을 움직이는 능력이 필요하다. 가장 쉬운 방법은 역시 '진심어린 칭찬'이다. 진심어린 칭찬을 하려면 상대방을 들여다보고 장점을 찾아야 한다. 그렇게 칭찬함으로써 상대의 장점을 실제로 끌어낼 수 있다. 개인의 역량이 오르며 팀으로서도 성과가 난다.

결과를 냈다면 지속해라

결과를 냈다면 결과를 지속시킬 수 있어야 한다.

실력을 키우는 노력을 계속한다

일을 하다 보면 다양한 요인에 의해 업무상 성패가 결정된다. 하지만 안정적으로 지속적인 실적을 내는 사람도 분명 있다. 그들에게 요인의 위기가 없었던 것은 아닐 텐데 어째서 요인의 영향을 받지 않았을까? 결국은 실력이다. 변수에도 흔들리지 않을 실력이 있었던 것이다.

실력을 키우기 위해서는 능력을 최대한 키우겠다는 신념을 가져야 한다. 또한 원리·원칙을 알고 있어야 한다. 고객의 관점에서 생각하는 것도 원리·원칙의 한 경우다. 그 외에도 현금 흐름 경영과 스피드 경영 등도 중요한 원리·원칙이다. 실력을 키우기 위해서는 자신이 원리·원칙에서 벗어나진 않았는지를 항상 체크해야 한다.

새로운 일에 도전한다

환경의 변화를 확인하면서 언제나 새로운 일에 도전해야 한다. 작은 도전이라도 좋다. 안 가본 곳에 가고, 오랜만에 동창회에 참석하는 등 그동안 성가시게 여겼던 일을 해보길 바란다. 새로운 일들이 행동력을 높여 성장으로 이어진다. 도전은 계속해 변화하게 한다. 변화는 목적이 아닌 결과를 내기 위한 수단임을 명심해라.

베푼다

성과를 냈다면 그것을 사회에 환원하는 자세를 가지길 바란다. 자원봉사나 소액 기부도 좋다. 베풀 줄 아는 사람은 사람들로부터 존경을 받게 된다. 누군가의 존경은 곧 당신이 결과를 낼 수 입게 돕는다.

행복해지기 위해 움직여라

내 스승은 "경제는 사람을 행복하게 하는 도구"라고 말했다. 실제로 정치나 경제 모두 수단에 지나지 않는다. 아무리 좋은 결과를 내도 행복하지 않다면 무의미하다. 행복하기 위해서 명심해야 할 5가지 행동이 있다.

좋아하는 사람들과 지낸다

행복은 평소 교류하는 사람들에 의해 결정된다. 좋아하는 사람, 가능하면 존경할 수 있는 사람과 함께해야 한다. 좋은 사람과 친해지고 싶다면 좋은 사람이 되어야 한다. 실력 있는 사람과 친해지려면 실력을 향상시켜야 한다. 배려심도 중요하다. 누구나 사려 깊은 사람의 곁으로 가고 싶은 법이기 때문이다.

잘 잔다

일을 잘하기 위해서는 잘 자야 한다. 수면이 부족하면 심리적·체력적 피로가 풀리지 않기 때문에 컨디션이 저조할 수밖에 없다. 얼마나 자야 개운한지를 알아보고 가급적 그 시간을 지켜 수면을 취해야 한다.

저금한다

소액이라도 좋으니 미래에 대비해 돈을 모아야 한다. 저금을 해두면 갑자기 여행을 떠나고 싶을 때나 누구에게 선물하고 싶을 때 돈 때문에 포기하지 않을 수 있다. 행동으로 옮기기 위해서라도 모아둔 돈이 있으면 유리하다. 금전적 여유가 없다면 원하는 결과를 얻을 때까지 지속하기 힘들다. 행복한 생활을 유지하기 위해서 저축을 통해 자신의 안전망을 스스로 마련해 두어야 한다.

투자한다

여유가 있다면 저축에 더해 투자를 해보길 권한다. 약간의 리스크를 무릅써 보는 것이다. 특히 미래에 대한 불안감을 지울 수 없는 요즘 같은 시기에는 외화 표시 자산이나 투자 신탁 등 외환 거래를 해봐도 좋다. 투자를 경험하며 리스크를 감당하는 일에 적응하고 리스크를 직접 체감하고 배울 수도 있다.

빚 또한 재산이다

리스크를 잘못 예측하지만 않는다면 행동에 따르는 메리트는 크다. 그런데도 한 걸음 더 내딛지 못하는 사람이 있는 이유는 무엇일까? 수세적인 사람의 눈에는 그마저 '리스크'로 비치기 때문이다. 하지만 리스크라고 해서 꼭 피해야만 하는 것은 아니다.

리스크 테이커가 되기를 선택한다

저마다 리스크를 대하는 태도가 다르다. 태도에 따라 리스크 테이커(Risk Taker)와 리스크 어버터(Risk Averter)로 분류된다.

리스크 테이커는 리스크를 무릅쓰는 사람이고, 리스크 어버터는 리스크를 피하는 사람이다. 지속적인 결과를 내는 사람은 대체로 리스크 테이커다. 일과 인생에서 성공을 원한다면 변화를 두려워하며 리스크를 적대하기보다, 어느 정도의 리스크를 각오해야 한다.

아무것도 안 하는 것이 최대의 리스크다

아무것도 하지 않으면 아무 일도 일어나지 않는다. 바로 그 점이 최대의 리스크다. 따라서 리스크를 감수하는 것이 최대의 리스크를 피하는 방법이기도 하다. 하지만 갑자기 리스크를 무릅쓰기는 어려운 일이다. 자칫 큰 리스크를 짊어지게 될 우려도 있다. 평소 일상의 작은 리스크를 견뎌보는 연습이 리스크를 직면하는 데 도움이 된다.

십시'일'반 성공법

작은 리스크를 무릅쓴다는 것은 결국 작은 성공 경험을 쌓아 가는 것이다. 리스크를 무릅쓰면 그에 상응하는 리턴을 얻을 수 있기 때문이다. 성공 경험을 쌓기 위해서는 2가지를 명심 해야 한다.

컴포트 존을 탈출한다

컴포트 존은 실패를 포함한 다양한 경험을 쌓으며 내성이 생기고 넓어진다. 즉, 행동 범위가 넓어지면 컴포트 존도 넓어 진다. 반대로 행동 범위가 좁아지면 컴포트 존도 자연스레 좁 아지기 때문에 의식적으로 컴포트 존을 탈출하려 노력해야 한다.

자신이 먼저 외부 세계를 향해 행동을 취한다

누군가를 만났을 때 가볍게 인사를 건네거나 눈이 마주치면 미소를 건네는 것도 외부 세계를 향해 행동을 취하는 것이다. 자격증을 따거나 매출 1위 달성 등의 거대한 목표만이 성공 경험은 아니다. 사소한 도움과 소소한 기쁨도 성공 경험이다. 작지만 긍정적인 경험을 함으로써 심리적으로 강화되고, 같은 상황이 발생했을 때 '또 해봐야지.'라는 생각을 하게 된다. 행동을 취하는 습관이 생기게 되며 악순환에서 빠져나올 수 있다.

잘 쌓아올린 마음은 쉽게 무너지지 않는다

덕을 쌓으면 일이 잘 풀린다

중국 남송의 유학자 주희가 쓴 『대학』에는 "대학의 길은 명덕(明德)을 분명히 하는 데 있다."라는 구절이 있다. 덕을 쌓으려면 평생 동안 계속해야 하는 법이다. 여기서 말하는 '덕을 쌓는다.'는 과연 무엇을 의미할까?

거창할 필요 없다. 필요한 사람에게 필요한 선의를 건네는 것 또한 덕이다. 계산을 도와주는 직원에게 감사 인사를 건네는 것도 덕이다. 덕을 쌓은 사람은 모든 일이 잘 풀린다. 따라서 덕을 쌓는다는 것은 작은 일일지라도 사회에 대한 공헌이다.

자기밖에 모르는 사람은 될 일도 안 된다

자기중심적이거나 남에게 민폐를 끼치는 사람은 오히려 덕을 잃는 사람이다. 그런 사람은 자신의 인생에 자신이 걸림돌이 된다. 잠깐은 잘 풀릴지라도 결국은 곤혹스러워진다.

나는 우주는 물론이고 아주 작은 일부분인 인류도 좋은 방향으로 나아가는 존재라고 생각한다. 덕을 쌓아 사회에 이바지하는 것이 자연의 섭리이며, 그런 사람과 사회일수록 더 발전한다.

반대로 자기중심적인 사람은 자연의 섭리에 반하고 있으므로 잘 풀릴 리 없다. '사회에 이바지하자.'라고 거창하게 생각할 필요 없다. '열심히 일해서 좋은 결과를 내자.' 정도의 마음가짐이면 충분하다. 그것만으로도 정신적으로나 경제적으로나 더욱 풍요로워질 수 있다.

9장

(인물 센스)

자신이 원하는 사람 되는 법

!

더 좋은 사람이 되어라

오랫동안 존경받고 성공하는 사람들은 센스 있는 '인물'이다. 그렇다면 인물 센스란 무엇일까? 여기에는 12가지 요건이 작용한다. 지금 당장 이 요건들을 모두 행할 수는 없더라도 12가지 요건을 바탕으로 이상적인 인간상을 가지면 좋다. 이 장에서는 '인물 났다.'는 표현처럼 인간적인 매력이 넘치고 훌륭한 사람을 '인물'로 칭한다.

작은 일도 주의를 기울이고 배려한다

인물 센스가 있는 사람은 작은 일에도 주의를 기울인다. 무엇이 중요한지 알고 상대를 배려한다. 타인을 신경 쓴다는 것은 결국 타인의 괴로움과 슬픔을 아는 것이다. 일에서도 마찬가지로 현장의 변화를 알아차리고, 수치의 사소한 차이를 알아차리는 능력이 업무 성과에 큰 영향을 미친다.

긍정적으로 생각하고 행동한다

인물 센스가 있는 사람은 긍정적으로 생각한다. 그리고 긍정성을 행동으로 옮긴다. 머리는 좋아도 말뿐인 평론가 유형의 사람은 행동하지 않는다. 부정적 사고를 가지고 있다면 안되는 이유만 생각고 행동하지 않는다. 긍정적이고 행동력이 있는 사람은 밝고 쾌활하며 운동성이 있다.

타협하지 않는다

인물 센스가 있는 사람은 본질적인 문제에는 타협하지 않는다. 예를 들어 무례한 행동을 용납하지 않는 것 등이 있다. 물론 올바른 사고방식과 신념이 바탕이 되어야 한다. 그릇된 논리로 신념을 굽히지 않는다면 결국 아집에 불과하기 때문이다.

받아들인다

인물 센스가 있는 사람은 받아들일 줄 안다. 포용력이 있다고도 표현할 수 있다. 도량이 크기 때문에 다양한 의견과 생각을 받아들인다. 타인의 지혜를 활용하지 않고서는 자신을 성장시킬 수 없다. 겸허하게 열린 마음으로 수용하고 의미를 곱씹어야 한다.

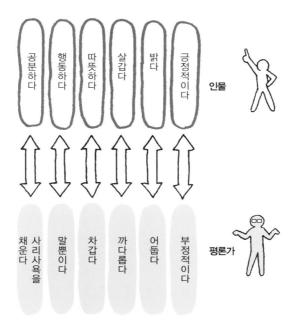

인물

공분하다 / 행동하다 / 따뜻하다 / 살갑다 / 밝다 / 긍정적이다

사리사욕을 채운다 / 말뿐이다 / 차갑다 / 까다롭다 / 어둡다 / 부정적이다

평론가

허세를 부리지도, 인색하지도 않다

인물 센스가 있는 사람은 인색하지 않다. 허세를 부리느라 실력 이상의 행동을 하거나 과소비를 하지도 않는다. 하지만 필요할 때는 타인을 위하는 일에도 기꺼이 돈과 시간을 쓴다. 이때도 소비의 목적은 과시하기 위함이 아니라 상대방을 위해서다.

가볍지도, 거만하지도 않다

인물 센스가 있는 사람은 누구와도 잘 지낸다. 위압감이 없기 때문이다. 진입 장벽이 낮으면서도 가볍지가 않다. 이 무게는 위압감이 아닌 존재감이다. 그들은 자신의 여유로움을 통해 주위 사람을 안심시킨다.

결단력이 있다

인물 센스가 있는 사람을 올바른 결정을 내린다. 우유부단한 사람과 달리, 올바른 신념을 판단 기준으로 삼고 있으므로 올바른 결정을 내릴 수 있다. 일을 할 때는 다양한 시점에서 우선순위를 살피고 판단해야 한다.

동요하지 않는다

인물 센스가 있는 사람은 예상치 못한 상황이 발생해도 당황하지 않는다. 위기에도 동요하지 않기 위해서는 때론 무던함이 필요하다. 무던함은 담대함과도 맞닿아 있다. 평소 많은 경험을 쌓음으로써 정신적으로 흔들리지 않는 상태를 만들어야 한다.

오만해지지 않는다

인물 센스가 없는 사람은 조금만 잘나가도 우쭐해진다. 경영자 중에서 돈 좀 벌었다고 바로 오만해지는 사람이 있다. '벼는 익을수록 고개를 숙인다.'는 말이 있다. 인물 센스가 있는 사람은 태도와 표정에서 겸허함이 드러난다.

무섭지만 상냥하다

일을 하다 보면 냉정하게 느껴지더라도 반드시 해야 하는 말이 있고, 단호할 만큼 대응해야 하는 상황이 있다. 다만 그럴 때도 인간적인 상냥함을 가지고 대응해야 한다. 따끔하게 할 말은 하되 상대의 감정이 어떤지도 헤아려야 한다.

내 일이 아니어도 책임감을 가진다

일이 잘 안 풀릴 때는 원인을 다른 사람에게서 찾기 쉽다. 하지만 가슴에 손을 얹고 자신에게는 책임이 없는지 생각해 보라. 분명 무언가 더 할 수 있는 일이 있었을 것이다. 뛰어난 인물은 남의 일이라고 선을 긋기보다 자신의 일처럼 책임진다는 각오를 가지고 있다. 그런 사람이기에 다른 사람들이 믿고 따를 수 있고 좋은 성취를 얻어낸다.

자신을 버리고 타인을 위해 살 수 있다

인물 센스가 있는 사람은 궁극적으로는 타인을 위해 산다. 자기희생은 지극히 어렵다. 내 스승은 나에게 "경단꼬치처럼 살아라."라고 말했다. 자신·가족·연인·직장·사회·세계라는 각각의 경단으로 꼬치로 꿰듯이 어느 하나 빠뜨리지 말고 살라는 뜻이다. 이 중 어떤 것도 희생하지 않아야 한다. 어느 하나를 희생한 상태로는 오래 계속할 수 없다.

첫인상으로 사람을 판단하는 법

인물 센스는 일상생활에서도 드러난다.

신용카드를 내던지진 않는가

배려심이 있는 사람은 사소한 행동에서 티가 난다. 카드를 패대기치듯이 건네는 사람이 있는 반면 공손하게 건네는 사람이 있다.

전철의 안쪽으로 들어가는가

사람들이 계속해서 전철로 밀려들 텐데도 입구에 서서 들어가지 않는 사람이 있다. 안으로 들어가야 사람들이 탈 수 있다는 생각을 전혀 안 한다. 이 사소한 행동도 자기밖에 모른다는 증거다.

모르는 사람이 길을 물어보는가

인물 센스는 사람들이 나를 어떻게 보는지를 통해서도 알수 있다. 평소 어떤 분위기를 풍기는지는 오히려 낯선 사람들이 잘 알아차린다. 모르는 사람이 당신에게 길을 물어보는 경우가 있는지를 생각해 보자. 낯선 사람이 도움을 청한다면 그만큼 당신의 분위기가 온화한 것이다.

아이들 앞에서 신호를 무시하지는 않는가

아이들이 보는 앞에서 보행 신호처럼 지켜야 할 규칙을 무시하는 사람들은 '인물'로 칭할 순 없다. 자신의 행동이 미칠영향력을 생각하는 사람이야말로 인물 센스가 있는 사람이다.

신발을 잘 정리하는가

실내로 들어설 때 신발을 어떻게 벗어두는가? 나의 스승은 "신발을 정리하면 마음이 정리된다. 마음이 정리되면 신발이 정리된다."고 말했다. 벗을 때 정리해 놓으면 신을 때도 어지럽지 않다. 누군가가 아무렇게나 신발을 벗어놓았다면 조용히 정리해 주는 것도 센스다. 이런 사소한 행동을 통해서 그신발을 신을 사람의 마음이 정리될 테니 말이다.

일에도 적용되는 첫인상의 힘

인물 센스는 첫 만남 속 태도에서도 드러난다. 심리학 이론에 따르면 첫인상의 영향력은 상당해서 첫인상을 바꾸려면 제법 시간이 필요하다. 내가 누군가를 첫인상으로 판단하듯이 다른 사람도 나를 첫인상으로 판단한다는 사실을 명심해야 한다.

위압감을 주는가

첫 만남에서 무서운 얼굴로 위압감을 주는 사람은 소인배다. 인물 센스가 있는 사람이라면 사회적 지위에서 차이가 나더라도, 처음 만나는 사람에게는 친절한 미소로 편안한 분위기를 조성한다.

상대에 따라 태도가 달라지는가

거만한 사람일수록 자신보다 지위가 높은 사람에게는 묘하게 저자세다. 확고한 자아가 없기 때문에 상대에 따라 태도가 달라지는 것이다. 겸손한 사람일수록 누구에게나 스스럼이 없다. 상대의 직함이나 가진 물건으로 사람을 차별하지 않는다.

옷과 소지품으로 허세를 부리는가

명품 시계와 가방, 값비싼 옷 등으로 허세를 부리는 사람은 주의가 필요하다. 소지품으로 자신을 과시하는 사람에겐 열등감이 있을 가능성이 높다. 물론 자신의 지위와 수입에 걸맞은 제품을 착용하는 것은 괜찮다. 분수에 맞는 자연스러움은 좋지만, 급여에 비해 사치를 부리는 것은 허영이다.

거만한 자세로 앉아 있지는 않는가

평소 어떤 자세로 앉아 있느냐를 통해서도 처음 만난 사람을 판단할 수 있다. 상대가 다리를 꼬고 몸을 약간 기울여 앉았다면 자신을 더 크게 보이려 하고 있다는 뜻이다. 또 대뜸 자신이 먼저 상석에 앉는 경우도 있는데 이는 관계에서 본인이 우위에 있음을 은근히 드러내는 태도. 겸손하고 예의바른 사람은 자리에서 일어나 상대를 기다리는 등으로 겸허히 행동한다.

좋은 동료와 나쁜 동료를 구분하라

대부분은 직장에서 하루의 절반을 보낸다. 그런 이유에서 일을 하기 시작한 뒤에 느끼는 인간관계의 스트레스는 대개 직장에서 비롯된다. 함께 일하는 동료와 상사의 행동을 살펴보고 자신의 언동에 대해서도 점검해 볼 필요가 있다.

상대와 입장에 따라 말이 바뀌는가

상대와 입장에 따라 말이 자주 바뀌는 사람은 인물 센스가 없다. 자기 나름의 가치관을 확실히 가지고 있어야 말이 안 바뀐다. 실제로 사람들이 따르고 싶어 하는 것도 흔들림 없는 상사다.

솔직하게 사과할 수 있는가

자신의 잘못과 실수를 알았을 때 솔직하게 사과할 수 있어야 한다. 당연한 이야기 같지만 싫은 소리를 들으면 꽁하거나 변명부터 늘어놓는 사람이 많다. 자신의 잘못을 받아들이는 사람이야말로 깔끔하게 일을 정리하고 다음 단계로 나아가는 사람이다.

분위기를 어떻게 만드는가

회의나 회식 자리에서 심각한 이야기를 꺼내거나, 항상 트집을 잡아 모두를 긴장하게 만드는 사람은 소인배. 대인배는 분위기를 완화시키고 주위를 즐겁게 해준다.

회사와 상사를 뒷담화하지는 않는가

항상 회사와 상사, 부하를 비판하는 사람은 성공할 순 없다. 긍정적인 이야기를 하고 미래를 말할 수 있어야 문제가 일어났을 때도 상황을 타개해 나간다. 불평과 불만을 습관화하기보다 긍정적으로 생각하는 버릇을 들여라.

다른 사람의 말을 자르진 않는가

남의 말을 뚝뚝 자르고 자기 이야기만 하는 사람이 있다. 상대를 배려하는 사람이라면 다른 사람의 이야기를 끝까지 귀담아 듣는다. 그들은 자신이 아는 게 전부가 아니라고 생각하기 때문에 다른 의견에도 귀를 기울이고 적극적으로 수용한다. 누군가가 말하는 도중에 입이 근질거릴 때는 심호흡을 해서 템포를 늦추자. 다른 사람의 의견을 수용한다는 것은 사물을 있는 그대로 인식하는 일이기도 하다.

부하 직원의 이야기를 메모하면서 듣는가

세븐일레븐을 소유하고 있는 세븐아이 홀딩스의 창업자 이토 마사토시는 "누구의 말이든 메모하며 듣는다."고 말했다. 부하 직원이 상사의 말을 메모하는 경우는 많지만 반대의 경우는 드물다. 하지만 인물 센스가 있는 사람이라면 부하 직원의 이야기를 경청해 들으며 놓치지 않기 위해 메모한다.

하나를 알고 열을 이야기하지는 않는가

소설가 시바 료타로는 1권의 책을 쓰기 위해 경트럭 1대 분량의 자료를 읽고 집필한다. 막대한 자료에서 짜낸 한 방울을 책으로 만드는 것이다. 그 덕분에 독자는 행간을 읽을 수 있다. 여유가 없는 사람이 쓴 책에는 행간이 없다. 이야기를 할 때도 마찬가지다. 하나를 알고 열을 아는 듯이 부풀려 말하는 사람과 열을 알면서 하나로 응축해 이야기하는 사람은 한눈에 보기에도 깊이의 차이가 난다.

오늘 하루도 열린 마음을 가질 수 있기를

대뜸 못 하는 이유부터 말하는가

어떤 사안에 대해 '하지만'이라고 말하는 사람과 '네!'라고 받아들이는 사람 중 성공하는 쪽은 당연히 후자다. 어중간하게 똑똑한 사람은 툭하면 반론을 제기하거나 억지를 부리는 경향이 있다. 정말 똑똑한 사람은 반박부터 하지 않고 수용한다. 그들은 어떻게 하면 해낼 수 있는지를 생각하고 방법을 찾아낸다.

세세한 부분까지 한층 더 깊이 파고드는가

나는 경영 컨설턴트로서 다양한 업종과 다양한 규모의 회사, 많은 직장인을 만났다. 그 경험을 통해 내가 알게 된 명확한 사실 중 하나는 아주 작은 부분까지 깔끔하게 해내는 사람이 성공한다는 것이었다. 잡무일지라도 부탁한 사람의 의도를 정확히 이해하고 센스를 발휘한다. 세세한 부분까지 주의를 기울이기 때문에 상황에 맞는 최적의 행동을 할 수 있다.

좋은 관계는 좋은 사람과 맺을 수 있다

직장 외의 대인 관계에서도 어떤 사람이 좋은 사람인지, 가깝게 지낼 사람인지를 판단해야 한다.

돈을 쓸 때 슬쩍 뒤로 빠지진 않는가

택시에 가장 늦게 타서 도착하자마자 내리는 사람, 식당에서 밥을 먹고 계산할 때는 은근히 뒤로 빠지는 사람이 있다. 그들은 본인이 소비한 부분에 책임을 지지 않으려 하므로 구두쇠다. 이처럼 돈이 있어도 가능한 한 계산을 미루려 하는 사람이 있는 반면, 평소에는 검소하다가도 쓸 때는 쓰는 사람도 있다. 돈은 잘 벌고 잘 써야 한다. 어떻게 벌어 어떻게 쓰는지를 통해 인품이 여실히 드러난다.

약속을 잘 지키는가

언제나 약속에 늦는 사람이 있다. 이런 사람들은 약속을 크게 중요시하지 않는다. 약속에 늦음으로써 매번 상대의 시간을 빼앗는 게 무례한 행동임을 모른다. 자신이 한 말, 타인과 맺은 약속을 지키는 것이 기본 중의 기본이다.

관계가 오래 지속되는가

그릇이 작은 사람은 인간관계를 오래 지속하지 못한다. 이성에게 인기가 있어도 동성에게 미움을 받는다면 문제가 있는 게 분명하고, 결국 이성과도 오래갈 수 없다. 인물 센스가 높은 사람에겐 오랜 친구가 많다. 흔들림 없는 자세와 자신이 한 말을 지키는 책임감 때문이다.

익명으로 누군가를 도운 적 있는가

익명으로 기부 혹은 자원봉사를 하는 사람들이 꽤 많다. 성공하고 싶으면 타인을 생각하라고 말하는 경우가 있는데, 누군가를 돕고 배려하는 일이 성공의 동기가 되면 안 된다. 애당초 대가를 바라지 않고 타인을 위할 줄 아는 사람이 성공하는 것이다.

자기 이야기 혹은 남의 이야기만 하는가

다른 사람의 기분은 생각 안 하고 자기 이야기만 늘어놓는 사람도 문제지만, 남이나 연예인 이야기만 하고 자기 이야기는 전혀 안 하는 사람도 문제다. 어쩌면 본인의 알맹이가 없어서 겉핥기식으로 타인의 이야기를 끌어쓰는 것일지도 모른다. 상대가 궁금해할 때 자신의 이야기를 조금 하는 정도가 딱 적당하다.

긍정을 주면 긍정으로 돌아온다

심리학적 측면에서도 매력적인 사람이 되는 방법을 찾아볼
수 있다.

스트로크에는 세 종류가 있다

심리학에서는 스트로크(Stroke)라는 용어를 '마음에 미치는
영향'이라는 의미로 사용한다. 스트로크에는 긍정적 스트로
크, 부정적 스트로크, 무(無)의 스트로크 세 종류가 있다.

긍정적 스트로크는 타인에게 칭찬이나 선물을 받는 것처럼
기쁨을 주는 영향을 말한다. 반대로 괴롭힘을 당하거나 병에
걸리면 부정적 스트로크를 얻는다. 무의 스트로크는 어느 쪽
도 아닌 상태다. 사람은 '긍정→부정→무'의 순으로 스트로크
를 선호한다.

장난꾸러기 아이를 예로 들어보자. 아이는 칭찬을 통해 긍정적 스트로크를 얻고 싶지만, 그걸 얻지 못할 바에는 부정적인 스트로크라도 얻고 싶어 한다. 그래서 말썽을 피우고 꾸지람을 듣는 부정적 스트로크라도 유발하려 한다.

아이들에게 가장 힘든 괴롭힘은 무시다. 무시는 무의 스트로크 상태다. 무의 스트로크는 어른에게도 괴롭다. 아무도 자신을 상대해 주지 않을 때 심리적 스트레스가 가장 커진다. 그러니 이를 이해하고 주위 사람을 무시하지 않으려 노력해야 한다.

스트로크 뱅크는 마음속에 있다

스트로크 뱅크는 말 그대로 스트로크의 은행이다. 통장에 잔고가 없으면 다른 사람에게 돈을 줄 수 없듯이 스트로크 뱅크에 긍정적 스트로크를 적립해 두지 않고서는 긍정적 스트로크를 나누어 줄 수 없다. 다만 스트로크 뱅크는 남에게 준다고 내 긍정적 스트로크가 줄지는 않는다.

온화한 분위기가 느껴지는 직장은 그곳에서 일하는 사람들의 스트로크 뱅크가 긍정적 상태라 서로 긍정적 스트로크를 주고받는다. 반대로 분위기가 냉랭한 직장은 서로 부정적 스트로크를 주고받기 바쁘다.

인물 센스가 있는 사람은 스트로크 뱅크를 긍정적인 상태로 유지해, 타인에게 긍정적 스트로크를 준다. 그렇다면 어떻게 해야 스트로크 뱅크를 긍정적인 상태로 만들 수 있을까? 부정적 스트로크를 쌓아둔 채 사무실이나 집으로 가지 않는 것도 좋은 방법이다. 잠깐 서점에 들러 책을 사거나 산책을 하며 기분 전환을 하는 등 자신에게 긍정적 스트로크를 준 뒤에 사무실 혹은 집으로 가는 것이다.

팀장이 고객에게 욕을 먹고 부정적 스트로크가 쌓인 상태로 사무실로 돌아와 부하 직원에게 부정적 스트로크를 뿌린다면…? 부하 직원들에게 부정적 스트로크가 쌓여 악순환이 시작된다. 긍정적 스트로크를 주위 사람들과 나눈다면 성과가 좋아지고 팀과 개인의 평가도 높아지는 선순환이 일어난다.

안전한 환경에서 안정적으로 성장한다

처음 하는 업무나 미지의 체험은 누구에게나 불안하고 경계심이 생기는 영역이다. 하지만 이미 해본 적 있는 익숙한 체험은 비교적 편하게 임할 수 있다. 경험만으로도 놀라울 만큼 불안도가 낮아지기 때문이다.

내가 안전하다고 느끼는 영역

컴포트 존은 안정감을 느낄 수 있는 영역을 말한다. 경험한 적 없는 미지의 영역에 발을 들여놓았을 때 마음이 불안한 이유는 이러한 컴포트 존에서 벗어났기 때문이다. 본인이 지나치게 변화에 적응하지 못하는 것 같다면 오히려 더 자주 변화에 노출되어야 한다.

컴포트 존이 넓을수록 동요하지 않는다

웬만해선 동요하지 않는 사람은 평소 정신적으로 안정되어 있는 사람이다. 요컨대 컴포트 존이 넓기 때문에 어떤 일이 발생한다고 해도 컴포트 존을 벗어나지 않는다. 자신의 바운더리를 벗어나는 상황에 불안이 큰 사람은 낯선 상황에 평소와 다른 선택을 하는 등 자신을 함정에 빠트리기 쉽다.

적정 거리 유지는 필수다

일에서나 일상생활에서나 원활한 인간관계를 유지하기 위해서는 '심리 배리어(Barrier)'가 중요하다. 상대방과 자신의 심리 배리어의 높낮이를 파악하면 큰 효과를 볼 수 있다.

심리 배리어는 타인과의 거리를 만드는 벽이다

심리 배리어는 타인과 자신을 분리하는 벽으로, 누구에게 나 있다. 또한 저마다 배리어의 높이가 다르다. 심리 배리어가 높은 사람은 그만큼 타인을 덜 받아들이고, 심리 배리어가 낮은 사람은 타인을 더 잘 받아들인다. 사람과 관계를 맺으면서도 스스로를 지키기 위해서는 심리 배리어가 필요하다. 하지만 심리 배리어가 너무 높아도 문제다. 타인을 받아들이는 연습을 하며 심리 배리어를 낮추어야 한다.

심리 배리어를 낮추는 방법 중 하나가 심리 배리어가 낮은 시간대를 만드는 것이다. 언제 자신의 심리 배리어가 높아지는지를 파악하고 그 시간대를 피하거나 줄이면 좋다.

심리 배리어는 기분과 상황에 따라 좌우된다

심리 배리어는 타고난 성격과도 관련 있다. 그렇다고 언제나 심리 배리어를 같은 상태로 유지할 순 없다. 바빠 죽겠을 때 누군가가 무언가를 부탁하거나, 배고파서 짜증이 치밀 때는 어쩔 수 없이 심리 배리어가 높아진다.

정말 안 봐도 비디오일까

선입견은 자유로운 사고를 방해한다. 인물 센스가 높은 사람에게는 선입견이 별로 없다. 심리학에서는 이 선입견을 '레테르'라고 한다.

누구나 선입견이 있다

선입견은 누구에게나 있다. 정신과 의사를 대상으로 심리학 실험이 이루어진 적이 있었다. 정신적으로 아무 문제없는 사람들을 잇달아 정신과 의사에게 진찰받게 하는 실험이었다. 정신과 의사는 높은 확률로 그들에게 정신병 진단을 내렸다. 요컨대 진찰받는 사람들에 대해 '정신과 진료를 받는 사람은 어떤 정신적인 문제를 가지고 있다.'라는 선입견을 가지고 있었던 것이다. 이 실험은 심리학을 공부한 정신과 의사조차 선입견에서 자유로울 수 없음을 보여준다.

자신이 선입견을 가지고 있음을 깨닫는다

편향된 사고와 발상의 근원이 되는 선입견을 없애기 위해서는 자신에게도 선입견이 있다는 사실을 받아들여야 한다. 무의식적으로 개인의 잣대로 타인을 판단하고 단정 짓는 경우가 적지 않다. 선입견을 깨야 편향된 사고에 빠지지 않는다.

이 세상에 같은 성격은 없다

에니어그램은 사람의 성격을 9가지로 분류하는 성격 분석이다. 에니어그램을 통하면 언제 에너지를 가장 잘 발휘할 수 있는지를 알 수 있고, 인간을 깊이 이해하는 데에도 도움이 된다.

에니어그램의 유형에 좋고 나쁨은 없다

에니어그램에서는 사람의 성격을 9가지로 분류한다. 이중 어떤 성격이 더 좋고 나쁜지는 없다. 자신이 어떤 유형인지를 확인하고, 장점을 키우고 단점을 보완하는 것이 중요하다.

- 유형 1: 완전하고 싶은 사람
- 유형 2: 타인에게 도움이 되고 싶은 사람
- 유형 3: 성공을 추구하는 사람

- 유형 4: 특별한 존재가 되고 싶은 사람

- 유형 5: 지식을 지향하고 관찰하는 사람

- 유형 6: 완벽을 추구하고 신중하게 행동하는 사람

- 유형 7: 즐거움을 추구하고 계획하는 사람

- 유형 8: 강함을 추구하고 자기를 주장하는 사람

- 유형 9: 조화와 평화를 원하는 사람

각각의 유형에 따라, 힘을 발휘하는 상황이 달라진다.

타인과의 차이를 존중하고 받아들인다

에니어그램은 사람의 성격이 저마다 다르다는 사실을 보여준다. 자신과는 다른 성격과 가치관을 지닌 타인을 존중하고 받아들이게 돕는다. 최근 MBTI의 유행도 자신을 알게 해줌과 동시에 타인을 이해하게 한다는 점에서 인기를 끌고 있다. '저 사람은 왜 저렇게 생각할까?'보다 '저 사람은 저렇게 생각할 수도 있구나.' 하고 받아들이는 게 중요하다.

10장

(리더 센스)

뒤에서 밀어주면서 앞에서 끌어라

!

자, 이렇게 해봅시다

리더에게는 '선택'이 요구된다. 무엇을 하고 무엇을 하지 않을지에 관한 방향성을 올바르게 판단할 수 있어야 리더다. 따라서 그들에겐 결단력의 3요소가 필요하다.

올바른 가치관

올바른 판단은 올바른 가치관을 통해 내릴 수 있다. '돈만 벌면 다 된다.'는 목적의식으로는 성공적인 비즈니스를 할 수 없다. 항상 '무엇이 옳은가?'를 생각하고, 자신의 가치관에 근거해 판단하는 연습을 해야 한다.

전자기기 제조 기업인 교세라의 창업자 이나모리 가즈오는 '사고방식×열정×능력'이 성공의 3요소라고 말했다. 열의와 능력은 0에서 100점, 사고방식은 마이너스 100에서 플러스

100점까지 있다.

플러스 사고방식은 올바른 가치관이라고도 표현할 수 있다. 무엇이 올바른 가치관인지 모르겠을 때 가장 빠르게 습득하는 방법은 수천 년에 거쳐 사람들이 옳다고 말해온 바를 그대로 공부하는 것이다.

논리적 사고력

일을 할 때는 정보가 너무 많아도, 정보가 너무 적어도 적확한 방향을 잡기 어렵다. 판단을 잘하려면 필요한 정보를 찾아내 빠르게 모으고, 잘 판단하는 능력이 필요하다. 즉, 얼마나 논리적으로 판단하는지가 중요하다.

빠르게 결정하기

훈련과 각오

실패가 두려워 결정을 미루는 우유부단한 사람도 걱정할 필요 없다. 결단력은 타고난 능력이 아니라 훈련을 통해 몸으로 익히는 스킬이기 때문이다. 스킬보다는 습관이라는 표현이 더 정확할지도 모르겠다.

습관화를 위해서는 결정하는 훈련을 해야 한다. 무엇을 먹을지, 어떤 걸 살지, 어느 길로 갈지처럼 작은 결정을 빠르게 내리는 연습이 필요하다. 결단과 결단의 반복, 그 결과에 대한 반성이 큰 결단에 대한 불안감을 줄여준다. 그리하여 결국 큰 결단을 잘 내리게 되어 있다.

알려주기 위해 알아야 한다

리더는 필요한 정보를 파악하고 수집할 수 있어야 한다. 그런데 정보는 하늘에서 뚝 떨어지지 않는다. 그렇다면 어디에서 어떻게 정보를 수집할지를 알아야 한다.

듣다

인터넷과 책 속의 정보도 결국은 '누군가'가 쓴 것이다. 그 누군가에게 직접 듣는 것이 최적의 정보 수집 방법이다. 전문 지식은 그 방면의 전문가에게, 회사 내부의 일이라면 현장 직원이나 간부에게 들어야 한다. 고객의 목소리를 듣는 것도 중요하다.

만난다

뛰어난 리더는 적극적으로 많은 사람을 만난다. 사람을 만나는 것이야말로 리더의 일이다. 이때 가급적 다른 분야의 사람과 만나기를 추천한다. 지금 자신의 업무와 직접적인 관계가 없어도, 다른 업종의 사람과 만나며 성장을 촉발하고 참신한 발상을 하게 될 수 있으며 구체적인 찬스로 이어지는 경우가 많다.

다양한 매체를 체크한다

사람에게서 얻는 정보에도 한계가 있다. 따라서 책과 잡지, 신문, TV, 인터넷 등 다양한 매체를 통해 얻는 정보도 필요하다. 이럴 때는 본인이 어느 정도의 기초 지식과 기본 정보를 가지고 있어야 한다. 이 2가지가 없다면 매체를 통해 만난 정보의 내용과 본질을 이해할 수 없다.

기초 지식은 쉽게 말해 '정의'다. GDP의 정의나 회계 기초처럼 평생 사용할 수 있는 정보로, 기본적인 개요다. 기초 지식은 책이나 동영상 등으로 공부하는 게 효율적이다.

기본 정보는 현재 자국의 명목 GDP 수치 같은 것이다. 정보를 계속 업데이트해야 하기 때문에 책 외에도 신문, TV, 인터넷을 체크하면 좋다.

저 사람 보는 눈 있네

뛰어난 리더는 보는 눈이 있다. 여기서 말하는 '보는 눈'은 관찰력을 말한다. 관찰력은 2가지 요인을 통해 비로소 완성될 수 있다.

정확하게 사물을 보는 전문성

자사의 제품과 타사의 제품을 비교해 앞으로의 전략을 세우려 한다. 이때 제품에 대한 전문성이 없다면 어떻게 비교해야 하는지 모른다. 어느 정보의 전문성이 있어야 사물을 판단하기 위해 필요한 기준을 세울 수 있다.

그렇다면 자신의 전문 분야가 아니면 관찰할 수 없을까? 꼭 그렇지만은 않다. 다만 기본적인 지식을 갖추고 있어야 전문가의 의견을 어느 정도라도 이해할 수 있다. 전문성과 나름의 기준이 있어야 그 기준에 비추어 사물을 세밀하게 볼 수 있다. 따라서 전문 분야가 아니더라도 궁금한 분야가 있다면 어느 정도의 공부가 필요하다.

있는 그대로를 보는 객관성

일을 하다 보면 선입견과 편견의 방해로 객관성을 유지하기 힘들 때가 찾아온다. 타사의 제품을 보고 '별거 아니네.' 혹은 '그 회사는 압도적이라 절대 못 이겨.'라고 생각하고 있진 않았나? 사물을 볼 때는 반드시 어떤 선입견이 개입한다. 그래서 사람들은 회색 지대를 간과한 채 흑백 논리로만 판단한다.

관찰력에는 색안경을 벗고, 있는 그대로를 보는 오픈 마인

드가 필요하다. '나는 생각보다 열려 있지 않다.'는 반성을 통해서 오픈 마인드를 키울 수 있다.

'알았다.'라는 생각이 들면, 거기서 한 걸음 더 나아가 또 다른 시각은 없을지 생각해 보자. 우리가 무언가를 알고, 보고 있다고 생각하면 사고가 멈추어버리기 쉽다. 사물을 다양한 각도에서 바라보는 습관을 기르다 보면 선입견으로부터 자유로워진다. 누구나 기존의 시선으로만 세상을 바라보는 게 편하다. 하지만 그만큼 안일해진다. 다양한 시각으로 다양한 각도를 볼 수 있게 된다면 예상치 못한 벽에 부딪치게 될 일도 없다.

할 일을 하되 선을 지켜라

리더로서 직위가 높아지면 자연스럽게 현장, 실무에서 멀어진다. 하지만 좋은 리더라면 직위가 높아질수록 현장을 잘 알아야 한다.

부하 직원의 업무로 도피하지 않는다

'현장과 실무를 잘 알아야 한다.'는 말을 오해해 부하 직원이 할 일을 하라는 뜻은 아니다. 대부분의 리더가 부하 직원의 업무를 거쳤기 때문에 그들보다 그 일에 자신 있을 것이다. 하지만 일터에선 저마다의 역할과 업무가 있다. 상사로 해야 할 일을 소홀히 하고 부하 직원이 할 일을 열심히 해서야 되겠는가? 자신에게 주어진 업무에 주력하는 것이 최선이다.

실무자들과 꿈을 이야기하라

실무자들 혹은 현장 직원들과 위기감을 과하게 공유하려 하는 리더가 있다. 상대도 리더급이라면 위기감을 공유해야 한다. 하지만 일반 직원들에게 굳이 위기감을 전할 필요가 있을까? 오히려 불안감만 커져 효율이 떨어지게 될 것이다.

리더가 위기감을 가지는 것은 좋지만 모든 직원이 위기감을 가질 필요는 없다. 그들과 공유해야 하는 것은 위기감이 아닌 '비전'이다. 물론 리더가 말하는 비전과 실무자들이 생각하는 비전이 반드시 일치하지는 않는다. 그래도 이 회사에서 열심히 일하면 원하는 목표를 실현할 수 있다는 긍정적인 메시지를 줄 수 있어야 한다.

전략적으로 팀원을 움직인다

올바른 전략을 세우기는 힘들다. 하지만 다른 사람의 지혜를 빌리거나, 올바른 정보와 정확한 방법을 알면 어느 정도는 맞는 전략을 세울 수 있다. 비즈니스에서는 전략 짜기보다 실행이 더 어렵다. 더 구체적으로는 다른 사람에게 실행시켜 결과를 내기 어렵다. 리더에게 요구되는 실행력은 본인도 결과를 내면서 팀원에게도 실행시켜 조직으로서도 결과를 내는 힘이다.

앞장선다

사람은 단순하지 않다. 당근과 채찍만으로 움직이지 않는다. 자발적인 움직임을 유도하기란 좀처럼 쉽지 않다. 이럴 땐 본인이 앞장서는 자세가 필요하다. 중요한 일, 어려운 일, 리스크가 높은 일은 리더가 먼저 비난을 받으며 행해야 한다.

따끔하게 말해서라도 실행시킨다

때론 냉혹해 보일지라도 반드시 실행시켜야 하는 일이 있다. 그러려면 무엇을 위해 이 일이 필요한지에 대한 목적의식을 부하 직원과 공유하고 있어야 한다. 직원에게 해낼 수 있는 실력이 있다면 발휘할 수 있게 도와야 한다. 그래야 부하 직원도 성장한다.

'나를 미워하진 않을까?' 같은 마음은 불필요하다. 상냥한 상사로 보이고 싶겠지만 그건 상냥함이 아니라 '무책임함'이다. 리더가 가져야 할 상냥함과 무책임함은 완전히 별개다. 책임은 지기 싫은데 그저 좋은 사람이고 싶은 마음은 무책임함

이다. 본인밖에 생각하지 않는 것이다. 무책임한 리더는 오히려 냉혹하다. 듣기 좋은 말만 하면 아무도 성장할 수 없고, 성과도 나오지 않으며, 따라서 아무도 행복할 수 없다. 팀 전체를 생각한다면 따끔한 말도 할 수 있어야 한다. 그것이 바로 리더의 '상냥함'이다.

« 90. 목표 설정력 »

업계 1위 한번 해봅시다

목표를 설정할 때 낮고 무난한 목표를 세우는 리더와 높은 목표를 제시하는 리더가 있다. 진정한 리더는 어느 쪽일까? 후자이다. 아슬아슬하게 달성 가능한 목표를 세울 수 있어야 좋은 리더다. 산책삼아 길을 나섰다가 후지산을 오르는 사람은 없다. 높은 정상에 도달할 수 있는 사람은 구체적인 플랜과 목표를 가지고 높은 곳을 지향하는 사람뿐이다.

수치화된 높은 목표와 구체적인 전략을 가진다

달성하기 어려운 플랜을 짜거나, 전략도 없이 숫자만 거창한 목표를 세우면 실현하기 어렵다. 경영학자 피터 드러커는 "그것은 목표가 아니라 꿈에 불과"하다고 말했다.

목표와 과정은 철저히 구체화되어야 한다. 구체화는 측정 가능한 상태로 만드는 것이다. 알기 쉽도록 수치화할 수도 있겠지만, 때론 수치화할 수 없는 질적인 요소도 있다. 그럴지라도 어떤 형태로든 측정·평가할 수 있게 만드는 것이 중요하다. '업계 최고 수준'이라는 추상적인 표현을 '점유율 ○○%' 혹은 '업계 매출 1위'라고 표현하면 구체적인 목표가 된다.

부하 직원에게 신뢰받는 리더가 된다

'이 리더가 말하는 목표니 꼭 달성하자.'라는 믿음을 심어줄 수 있어야 한다. 높은 목표를 제시해도 부하 직원이 진심으로

따라주지 않으면 실현할 수 없다. 신뢰받을 수 있는 리더가 되기 위해선 평소 자신이 한 말을 지키고, 설정한 목표를 반드시 이루는 자세를 보여야 한다.

너무 낮은 목표를 설정해도, 달성 불가능한 수준의 높은 목표를 설정해도 의욕이 떨어진다. 여기서 중요한 건 '스트레치 골(Stretch Goal)'이다. 외부 환경과 내부 환경이 최상일 때 달성할 수 있는 도전적인 목표를 말한다. 낼 수 있는 최고의 결과물이 어느 정도인지를 알아야 리더라고 할 수 있다.

때때로 리더는 선생이 된다

뛰어난 리더는 잘 가르치고 잘 전달한다. 그중에서도 잘 전달하는 힘이 중요하다.

진심을 전하고 사람을 움직인다

잘 가르치고 전달하는 것 사이에는 어떤 차이가 있을까? 가르칠 수 없는 것을 전하는 힘이 바로 전달력이다. 지식과 기술은 가르칠 수 있다. 하지만 진심은? 가르칠 수 없다. 진심과 의식은 전하는 것이기 때문이다. 하지만 진심이 전해져야 비로소 사람을 움직일 수 있다.

그렇다면 어떻게 해야 마음을 잘 전할 수 있을까? 진심으로 믿어야 한다. 내가 완전히 믿지 않고 아주 작은 의심이라도 품고 있으면 다른 사람도 의심할 수밖에 없다. 번지르르한 말만으로는 불가능하다. 리더의 믿음이 자연스럽게 행동으로 드러나야 비로소 진심을 전할 수 있다.

리더는 선생이 아니다

리더는 선생이 아니다. 선생은 상대방과 마주본다. 즉, 서로 다른 방향을 바라보고 있다. 하지만 리더는 같은 방향을 보고 앞장서서 나아가는 존재다. 그러니 등을 보일 수밖에 없다. 사람들은 신뢰할 수 있는 등을 가진 리더를 따른다는 점을 명심해야 한다.

믿고 의지할 수 있는 존재가 되어라

꼭 일과 관련짓지 않더라도 인간이라면 반드시 올바른 인생관과 가치관, 인생 철학을 가져야 한다. 이 3가지가 팀과 조직을 이끌게 될 당신의 버팀목이 되어줄 것이다.

인생관과 인생 철학이 모든 것의 기초가 된다

아무리 열정적이고 능력 있는 사람도 사고방식이 그릇되면 도태된다. 잘못된 방향으로 나아가게 될 테니 말이다. 인생에 대한 관념과 철학이 제대로 자리 잡혀 있다면 잘못된 방향을 옳다고 착각하고 나아갈 일은 없다.

인간을 깊이 이해한다

사람은 언제 기뻐하고 슬퍼하는가? 아니, 애당초 인간이란 무엇인가? 이런 질문을 통해 인간을 깊이 이해하게 된다. 사람들은 비즈니스에 필요한 자원으로 사람·물자·돈·정보를 꼽는다. 이중 가장 중요한 자원은 역시 '사람'이다. 인간관을 높이면 자신과 타인을 심도 있게 이해할 수 있다. 나이를 먹고 이것저것 다 경험해 보면 알게 된다고들 생각하지만, 사람을 보는 눈과 깊이는 세월만으로 수련할 수 없는 영역이다. 수양을 통해서만 기를 수 있다.

주의, 착각에 빠지지 마세요

'절대 저런 리더는 안 돼야지.' 다짐했던 사람도 막상 리더가 되면 과거 본인이 경계했던 행동을 한다. 리더가 되면 다른 사람에게 지적받는 일이 줄어들어서 스스로를 돌아볼 필요가 없어지기 때문이다. 리더가 빠지기 쉬운 8가지 착각만 경계해도 '저런 리더'는 피할 수 있다.

직함으로 사람을 움직일 수 있다고 생각한다

팀을 통솔하기 위해 직함을 추구하는 사람이 있다. 심리학에서는 직함을 '권위'라고도 표현한다. 사람은 권위에 약하다. 따라서 명령권이 있는 직함을 가진 사람에게 복종하게 되므로, 확실히 직함에는 힘이 있다. 하지만 그렇다고 다른 사람의 마음까지 움직일 수 있을까? 직함이 움직일 수 있는 것은 지극히 표면적이다. 그 점을 인지하고 있어야 한다.

부하 직원이 자신을 좋아한다고 착각한다

직함과 본인을 동일시하면 부하 직원이나 거래처 사람이 당연히 자신을 좋아할 것이라는 착각을 하게 된다. 남성 상사가 여성 직원을 상대로 이런 착각을 해버리면 직장 내 성폭력 문제로까지 번지기도 한다.

부하가 상사를 좋아하는 경우는 거의 없다. 상사는 부하의 인사권을 쥐고 있기 때문에 그저 비위를 맞추는 것뿐이다.

자신이 일을 잘한다고 착각한다

부하 직원과 자신을 비교하고, 자신이 일을 잘한다고 착각하는 리더가 있다. 그런데 이 잘함은 당연한 것이다. 중요한 것은 리더로서 일을 잘하는지다. 리더는 실적·결과·아웃풋으로 평가된다. 젊다면 노력의 가치라도 봐주겠지만, 리더가 된 이상 노력은 필수 항목이다. 노력은 당연하고, 거기에 더해 결과를 내지 못하면 무능한 리더로 간주된다.

화기애애한 조직을 지향한다

약한 리더는 화기애애한 조직을 선호한다. 본인이 소외당하기 싫어서 분위기 자체를 온화하게 만든다. 물론 팀 내에 대립이 있거나 긴장감이 감도는 것도 좋지는 않다. 하지만 좋은

게 좋은 거라는 안일함 역시 좋지 않다. 그저 화기애애하기만 한 조직에서는 만족스러운 결과물을 낼 수 없다.

바람직한 조직은 '화기애애'보다는 '절차탁마'에 가깝다. 저 사람이 노력하는 만큼 나도 노력하겠다고 다짐하게 만드는 조직이 이상적이다.

공사를 혼동해도 문제가 없다고 착각한다

공과 사의 경계가 없는 리더는 누군가를 움직이게 할 수 없다. 직위가 높아질수록 늘어나는 재량권을 이용하는 사람이 많다. 접대비를 개인적인 식사 자리에 사용하거나, 지인의 부탁으로 불필요한 인력을 채용하는 경우를 예로 들 수 있다. 아무도 모를 거라고 생각하지만 사실 부하 직원들은 다 알고 있다. 그리고 그 모습을 보며 의욕을 잃는다. 리더가 공과 사를 혼동함으로써 기업 전체에 악영향을 미치게 되는 것이다.

성공한 기업 및 리더는 공과 사를 혼동하지 않는다. 이 경계를 잘 모르겠다면 스스로에게 질문해 보면 된다. 다른 직원이 똑같은 행동을 해도 용납할 수 있는가?

지키기에 들어간다

리더가 되면 직위와 월급을 포기하기 싫어서 실패를 두려워하게 된다. 낮은 목표를 설정하고 도전 정신을 잊어버리는, 이른바 지키기에 돌입한다. 하지만 최대의 수비는 공격이라는 철칙을 되새겨야 한다. 잠깐 결과가 나올 수도 있지만 현 상황만 유지하려 든다면 결국 지키고 싶었던 것을 잃게 된다.

자신이 대단하고 현명한 사람이라고 착각한다

직위가 올라가면 인사권, 평가권 등 실제로 부하를 움직일 수 있는 권한이 늘어난다. 부하 직원은 당연히 당신의 눈치를 보게 된다. 그 과정에서 본인이 대단한 사람이라고 착각하는 등 일종의 고양감을 느낀다. 하지만 그것이야말로 빠지기 쉬운 함정이다.

퇴직 후에도 대우받아야 한다고 착각한다

직함 때문에 주위에서 떠받들어준 것을 본인의 존재감과 영향력이라고 착각해 버리면 안 된다. 하지만 역시 착각에서 쉽게 빠져나오는 사람은 드물다. 이들은 직함이 사라진 후에도 다른 사람(특히 젊은 사람)을 마음대로 휘두르려 한다. 그리곤 상대가 자신을 따라주지 않으면 무시하는 거냐고 역정을 낸다. 직함을 내려놓고도 여전히 본인을 '상사'로 대우해 주기를 바라는 것이다.

물론 모든 리더가 착각에 빠지진 않는다. 좋은 리더는 언제나 자기반성을 하고 행동을 돌아본다. 그럼 리더의 자리에서 물러난 뒤로도 사람들로부터 정중한 대우와 존경을 받게 된다. 직함을 내세우기보다 인간성을 보였기 때문이다.

11장

(습관 센스)

내일을 만드는 것은 잘 만들어진 오늘이다

!

« 94. 메리트와 강제력 »

억지로 한다고 뭐가 달라질까

계속하는 사람이 승리한다. 계속하게 만들어 큰 힘을 발휘하게 하는 것이 습관이다. 습관에는 엄청난 잠재력이 있다. 이 잠재력을 알아보고 의도적으로 키우는 것을 이 장에서는 습관 센스라고 칭한다. 의욕은 있는데 지속성이 떨어지는 사람이라면 11장을 주의 깊게 읽어야 한다.

메리트를 안다

습관화 과정에서 스스로 메리트를 느끼면 더 쉽게 습관화할 수 있다. 달리기를 예로 들어보자. 건강을 위해 시작했더라도 달리기를 하다 보면 엔도르핀, 세로토닌 같은 화학물질의 분비로 기분이 좋아진다. 기분이 좋아지면 달리기를 계속하게 된다. 계속하다 보면 체지방이 줄어들고 체력이 늘고 심폐

지구력이 늘어나는 효과를 누릴 수 있다.

메리트와 고통의 밸런스를 생각하는 것도 중요하다. 고통이 지나치면 계속할 수 없다. 평소에 달리기를 전혀 안 하던 사람이 갑자기 5km를 달리면 당연히 달리기의 메리트를 누릴 수 없다. 적절한 밸런스를 찾기 위해 고통의 정도를 낮추어야 한다. 고통보다 메리트를 크게 만들어야 습관화할 수 있다.

강제하는 시스템을 만든다

피지컬 트레이닝, 즉 PT가 붐인 이유는 가혹할 정도의 강제 체제가 갖추어져 있기 때문이다. 매일 어떤 음식을 먹었는지를 트레이너에게 보고하고, 꼼꼼하게 짜인 계획 안에서 식단과 운동을 병행한다. 그 정도의 강제력 없이는 운동과 식단을 계속하기 힘들다.

러닝 동호회에서 다 같이 러닝을 하는 이유도 '남들 다 하는데 나만 안 하면 좀 그렇다.'는 인식을 심어, 중도 포기를 방지하는 시스템이다. 강제력이 효과를 발휘하기 위해서는 계속하면 보상이 주어지는 시스템 조정도 유용하다. 열흘 동안 다이어트를 했다면 하루는 치팅 데이로 지정해 맛있는 음식을 먹는 것도 보상 시스템을 이용하는 것이다.

일찍 일어난 새가 밥을 한 숟갈 더 먹는다

습관화를 위해 가장 먼저 필요한 게 '메리트'와 '강제력'이라면, 새로운 습관을 하루라도 빨리 몸에 배게 하는 것은 환경 조성이다.

일상생활에 도입한다

시간과 장소를 정해두는 것이 습관화에 도움이 된다. '밖에 나갔다 들어오면 손을 씻고 가글하는' 습관 같은 메커니즘을 말한다. 출근 시간에 전철에서 경제 신문을 읽는 습관을 들인다고 해보자. 이때는 '출근-전철'을 엄수하는 것이 중요하다. 시간과 장소를 정해두면 일상의 행동 패턴으로 자연스럽게 자리 잡힌다. 정해둔 행동을 할 여건이 되지 않아 괜스레 마음이 불안해진다면 성공이다.

필요한 물건은 눈에 보이고 손이 닿는 곳에 둔다

운동을 하고 싶다면 가까운 헬스장에 다녀야 한다. 무언가를 해야 한다면 거기에 필요한 물건을 눈에 잘 띄고 손에 잘 닿는 곳에 두어야 한다.

예를 들어, 주기적으로 약이나 영양제를 챙겨 먹기 힘들다면 책상 위에 올려둔다. 일부러 가지러 가지 않아도 되도록, 언제나 손을 뻗으면 닿는 위치에 영양제와 물을 같이 준비해두면 된다.

새로운 습관을 들이기로 결심했다면 스케줄러에 습관을 행하는 시간과 장소를 정해두면 좋다. 스케줄을 확인할 때마다 그 항목이 눈에 들어와 각인된다.

함께 갈고 닦을 동료를 가진다

일 습관이 공부 습관보다 들이기 쉽다. 직장은 실적에 따라 평가가 달라지고 직위와 월급이 좌우된다. 즉, 경쟁에 따른 '강제력'과 '메리트'가 있다. 직장이 발전 지향적인 분위기라면 습관화는 더욱 순조롭게 이루어진다.

일상에서도 마찬가지다. 주위에 함께 발전할 동료가 없더라도 SNS를 이용해 얼마든지 좋은 동료와 라이벌을 만날 수 있다. 스터디 모임이나 운동 동호회에 가입할 수도 있다. 이 역시 강제력을 작동시키면서, 함께하는 누군가가 있다는 동지애를 느끼게 하는 메리트를 준다. 같은 목표를 가진 사람과

시간을 보낸 뒤에 맥주 한잔을 하는 등의 보상도 따라올 수
있다.

꾸준하게 지속하는 사람은 드물다. 그 과정에서 자신의 끈
기, 근성, 의욕의 문제라며 자책하지 말기를 바란다. 습관 센
스는 끈기와는 무관하다. 그렇기 때문에 계속할 수 있는 환경
조성이 중요하다.

한 발을 더 못 가는 이유

지금까지는 어떻게 하면 습관화를 잘할 수 있는지에 대해 말했다. 이번에는 반대로 '왜 습관화하지 못하는가?'에 대해서 이야기해 보고자 한다. 그 이유를 알면 어떻게 해야 하는지가 더욱 잘 보인다.

단기적인 필요성이 없다

마음을 단단히 먹고 시작해도 지속하지 못하는 사람들에겐 공통점이 하나 있다. 단기적 필요성이 없다는 것이다. 단기적 필요성의 부재는 쉽게 말해 당장에 그 습관을 만들어야 하는 이유가 없음을 말한다. 당장 무엇을 해야 해서가 아니라 머나먼 언젠가를 위해 무언가를 하려고 하면 당연히 뜻대로 되지 않는다.

이럴 때는 메리트를 충분히 누릴 수 있는 상태로 만들어야 한다. 즉, 성과가 눈에 보여 알 수 있게 해서 단기적인 필요성을 만들면 된다. 그때그때 성취감을 얻을 수 있게 하는 것이다. 영어 공부에 비유하자면 TOEIC 시험을 쳐서 보이는 점수를 만드는 것도 여기에 해당된다.

장기적인 목표를 잃는다

그렇다고 가까운 목표와 메리트에만 매달려 성과가 빨리 나오는 일만 우선시하면 안 된다. 그렇게 되면 장기적인 목표를 잃기 쉽고 결과적으로 더 오래 하기 힘들어진다.

예를 들어, 기업의 실적을 단기적으로 회복시키는 가장 빠른 방법은 구조 조정을 통한 경비 절감이다. 하지만 구조 조정으로 경비를 절감시킨다고 회사가 장기적으로 발전할 수 있을까? 그렇지 않다. 따라서 어떻게 해야 장기적인 성과를 만들 수 있는지를 살펴보고, 그 방법을 단계별로 세분화해 지속적으로 성과를 확인한 후에 성취감을 얻으며 나아갈 수 있게 만들어야 한다.

잊는다

아이러니하게도 대부분이 목표를 잊어버렸기 때문에 목표를 달성하지 못한다. 영업부에서는 월초가 되면 목표를 달성하기 위해 면밀한 계획을 세우지만, 중순쯤 되면 구체적인 숫자와 태스크를 흐지부지 잊어버린다. 그리곤 월말에 아차 한다. 이해하기 쉬운 예로 영업부를 들었지만, 개인이든 집단이든 이런 경우가 적지 않다. 신년을 맞아 다이어트, 공부 계획을 세웠다가 흐지부지되는 것도 일맥상통하다.

잊지 않기 위해서는 각인이 필요하다. 할 일을 눈에 잘 보이게 적어두고 실천할 수 있도록 거리감을 좁혀야 한다. 알람을 설정해 두거나 잘 보이는 곳에 포스트잇을 붙여두는 등의 방법이 있다.

강제력의 결여

앞서 언급했지만 강제력 없이는 습관화하기 힘들다. 아무것도 강제되지 않는 상황에서는 게을러지기 십상이다. 도무지 강제력을 찾기 힘들 때는 보고 체계를 만들면 좋다. 다양한 공부 스터디, 스포츠 동호회뿐만 아니라 요즘에는 애플리케이션을 이용한 시스템도 많아졌다. 오늘 무엇을 했고 이번 주 목표는 어느 정도인지를 설정해 약간의 긴장감을 부여하기를 바란다.

내심 안 해도 된다고 생각한다

애당초 습관화하지 못하는 가장 근본적인 이유는 스스로가 안 해도 된다고 생각해서다. 중요한 의의를 찾지 못했기 때문에 간절하지 않고 목표 의식이 약화된다. 내가 그것을 왜 해야 하는지를 충분히 인식하고, 나아가 사명감을 가져야 한다. '내가 안 하면 누가 하는가?' 등의 의식도 일종의 사명감이다.

뜻은 지금 당장 찾지 못해도 괜찮다. 계속해 뜻에 관해 고민하다 보면 어느 순간 길이 보인다. 다만, 뜻의 필요성을 알아야 뜻을 찾을 수 있음을 명심하자.

안 되는 걸 되게 하라

습관 센스는 몸에 익히는 방법만 알면 다른 건 큰 문제가 되지 않는다. 아침에 일어나 세수를 하듯 자연스럽게 일상생활에 스며들게 하는 5가지 스텝이 있다.

일단 시작한다

다음의 8가지 포인트를 의식하면, 시작 단계는 쉽게 클리어할 수 있다.

① 일단 해본다: 시작이 반이다.

② 다른 사람을 생각한다: ○○을 위해서라고 생각하면 효과적이다.

③ 선언한다: 떠벌리면 보는 눈이 많아져 강제력이 생긴다.

④ 기일을 정한다: 마감은 일을 추진하게 만든다.

⑤ 동료를 만든다: 강제력이 강화된다.

⑥ 안 해도 되는 조건을 정해둔다: 스트레스를 관리한다.

⑦ 대안을 생각한다: 핑계를 차단한다.

⑧ 지나치게 노력하지 않는다: 무리하지 않아야 계속할 수 있다.

잊지 않는다

습관화의 가장 큰 적은 망각이다. 이것을 방지하기 위한 3가지 요령이 있다.

① 목표를 보이는 곳에 적어둔다.

② 목표가 같은 동료와 습관화 과정을 공유한다.

③ 같은 시간, 같은 장소에서 같은 패턴으로 한다.

메리트를 느낀다

처음 습관화를 할 때는 강제력이 필요하다. 하지만 강제력이 없어도 계속하게 만드는 것이 메리트의 3단계. 이 단계에서 좌절이 빈번하게 발생한다. 중요한 건 어떻게 동기를 부여하고 유지하는지다.

① 작은 목표를 세워 성취감을 느낀다: 큰 목표를 작게 쪼개면 성취감을 쉽게 얻을 수 있다.

② 메리트 있는 목표를 세운다: 월급이 오른다, 자격증을 취득한다,

영어 공부를 해 자막 없이 영화를 본다 등.

③ 동료와 성공 사례, 실패 사례를 공유한다: 함께 발전할 수 있는 환경을 만든다.

④ 목표를 달성했을 때의 이미지를 그린다: 운동을 열심히 해서 탄탄해진 몸을 떠올린다 등.

⑤ 못했을 때의 비참한 모습을 생각한다: 상상한 그대로다.

안 하면 개운하지 않다

안 하면 왠지 불안하고 개운하지 않은 상태가 되면 성공이다. 내 경우를 예로 들자면 나는 출퇴근할 때 경제 신문을 읽지 않으면 불안하다.

무의식적으로 한다

의식해야만 할 수 있었던 일을 무의식적으로 행하는 단계가 되면 습관화가 완성되었다고 볼 수 있다. 그 과정에서 '안 하면 개운하지 않다.'와 '무의식적으로 한다.'를 밟게 된다. 이 두 스텝을 신속하기 진행하기 위한 방법이 3가지 있다.

① 좋아하는 일, 몰두할 수 있는 일을 한다: 싫은 일은 계속하기 힘들다. 하지만 계속하는 동안 좋아하게 되는 일도 많다. 좋아하게 될 때까지 할 수 있느냐 없느냐가 중요하다.

② 목표 달성 시 보상을 준다: 적절한 보상은 좋은 원동력이 된다.

③ 때때로 자신에게 관대해진다: 다이어트 치팅 데이처럼 자신에게 자유를 주는 날을 가진다. 이는 좋은 스트레스 관리법이다. 다만, 스트레스를 느끼는 동안은 정말로 습관화되었다고 할 수 없음을 명심하자.

스텝 1 - 일단 시작한다

일단 시작한다   선언하고 공표한다   동료를 만든다

스텝 2 - 잊지 않는다

할 일을 메모한다   같은 시간, 같은 장소에서 같은 행동을 한다

스텝 3 - 메리트를 느낀다

실패 사례와 성공 사례를 공유한다   성과가 금방 나오도록 목표를 잘게 쪼갠다   메리트와 필요성을 안다

« 98. 성공 습관 »

일 잘하는 사람의 강력한 무기

성공하는 사람들은 어떤 습관을 가지고 있을까? 그들은 일반적인 사람들과 사소하지만 많은 부분에서 차이를 보인다.

하루를 돌아보고 반성한다

돌아보기와 반성이 가장 중요한 습관이다. 반성이 없다면 발전할 수 없다. 중요한 것은 같은 실수를 반복하지 않는 것이다. 성공한 사람은 실패 경험뿐만 아니라 성공 경험에서도 자신을 되돌아본다. 어쩌다 성공할 수 있었는지를 분석하고, 반성할 점이 있다면 반성해서 다시 성공할 수 있는 기회를 만든다.

메모하고 다시 읽어본다

나는 누차 메모의 중요성을 강조하고 있다. 그렇다고 대단한 메모를 말하는 건 아니다. 간단하게 포인트만이라도 메모하는 습관이 있으면 결국 내가 나에게서 도움을 받는 순간이 온다. 메모는 훗날 다시 활용할 때 비로소 가치를 발휘한다. 하루에 하나라도 좋으니 '이거다!' 싶은 부분은 메모하기를 추천한다. 무엇이 중요한지를 선별해 메모하고 틈틈이 읽으면 데이터베이스가 활성화된다.

먼저 인사한다

인사는 사람과 사람의 의식을 이어준다. 커뮤니케이션은 의미와 의식을 모두 전달하는 행위다. 부하 직원에게 "이걸 100부만 복사해 주세요"라고 지시하는 건 의미 전달이다. 같은 말을 해도 좋아하는 상사가 하느냐, 싫어하는 상사가 하느냐에 따라 직원의 의욕이 달라진다. 이는 상대와 '의식'을 공유하고 있는지 없는지의 차이다.

인사는 의식을 이어주는 가장 손쉬운 방법이다. 평소 인사조차 하지 않는 사람과는 의식이 이어질 수 없다. 그런 사람이 아무리 의미를 잘 말해도 뜻이 통하지 않는 이유다. 사람은 의미뿐만 아니라 의식으로 움직이는 존재다.

즉답을 생활화한다

용무에 관한 메일 혹은 메시지에 답장이 빠르면 자연스레 신뢰도가 높아진다. 업무에 대한 긴장감과 관심도가 높은 사람으로 여겨지기 때문이다. 당장 명확히 대답하기 힘들 때는 그 이유에 관한 내용이라도 전달하도록 해라.

건강 관리를 위한 행동 습관을 가진다

생활 습관이 건강을 결정한다. 식사, 운동, 수면 등 자신에게 필요한 행동을 습관화해야 한다. 몸이 안 좋으면 의욕도 안 생기고, 주위에 걱정과 민폐를 끼치게 된다. 건강은 모든 활동의 기반이다. 일상의 가벼운 습관을 통해서도 관리할 수 있다. 에스컬레이터 대신 계단 이용하기, 밤마다 스트레칭하기 등 어렵지 않게 실천할 수 있는 일이 많다.

정리·정돈을 잘한다

주위가 잘 정리되어 있을수록 생산성이 올라간다. 잘 정리된 책상은 그 사람의 업무 효율을 보여준다. 일이 느린 사람은 일처리가 느린 것이 아니라, 그 일을 시작하기까지의 시간이 오래 걸리는 것이다. 불필요한 물건이 많은 책상에서는 필요한 물건을 찾기까지 오랜 시간이 걸린다. 깨끗하게 정돈을 잘하는 습관은 빠르게 일을 시작할 수 있는 상태를 만들어준다.

투두 리스트를 작성해 우선순위를 정한다

스케줄과 투두 리스트를 확실하게 파악하고, 스케줄 틈틈이 해치워야 한다. 할 일에도 우선순위를 정해, 중요한 일부터 시간이 날 때마다 실행하는 게 좋다. 무엇을 먼저 해야 할지를 정하면서 업무에 관한 시간 개념이 생긴다. 시간이 얼마나 걸리는지, 얼마나 시간을 들여야 하는지를 생각하며 시간을 배분해야 한다.

미소 짓는다

'웃는 얼굴에 침 못 뱉는다.'는 속담이 있다. 미소를 지으며 사람을 대하는 습관을 들이면, 언제나 온화한 얼굴로 상대방에게 좋은 인상을 심어준다. 성공한 사람의 만면에는 친절한 미소가 가득하다. 반대로 언제나 인상을 찌푸리고 있는 사람에게는 아무도 다가가지 않는다. 또한 심리학적으로 자신감이 없는 사람이 인상을 쓰고 거드름을 피운다.

독서와 공부를 계속한다

여기서 언급하는 독서는 공부를 위한 독서, 모르는 것을 알기 위한 독서다. 추천하는 분야는 역사다. 과거는 현재의 경제, 사회, 정치, 삶, 가치관에 큰 영향을 미치고 있다. 따라서 과거를 알면 현재와 미래가 보인다. 독서를 통해 다양한 삶을 이해하고 배우면 좋다.

시간을 단축하는 아이디어를 낸다

일 잘하는 사람은 생산성이 높다. 그들은 언제나 생산성을 향상시키기 위한 아이디어를 궁리한다. 이런 아이디어는 살짝 무리해서 일하는 상황에서 많이 떠오른다. 간발의 차로 쫓길 때는 필요에 의해 아이디어를 궁리하게 된다.

아웃풋한다

신문 같은 정보 매체를 접할 때는 아웃풋을 만들기 위한 인풋으로 정보를 받아들이는 습관을 길러야 한다. 결실을 맺기 위해서는 밭을 잘 일구고 씨를 뿌려야 한다. 자기 발전을 고려하지 않은 채, 즉 어디에 써야 하는지 모르는 상태로 쌓아만 둔다면 아무것도 아니게 된다.

아웃풋을 염두에 두고 인풋하는 습관을 들이자. 결과를 고려하지 않으면 결과를 낼 수 없다. 좋은 결과물을 만들수록 더 좋은 업무가 돌아오고, 그에 따라 더 폭넓은 관심사를 가지게 되어 양질의 인풋을 하게 된다. 비옥한 땅에 튼튼한 씨를 뿌리면 탐스러운 과실을 얻을 수 있다. 이런 선순환이 만들어진다.

일찍 일어난다

시간을 효율적으로 사용하려면 역시 늦게 취침하는 것보다는 일찍 일어나는 습관이 좋다. 회사에 여유롭게 출근하면 아침 시간을 잘 활용할 수 있다. 실제로 유능한 사람들은 하루를 일찍 시작한다. 일찍 출근하면 다른 동료들과 업무적 고민에 관한 대화를 나누며 그들의 고민을 들어줄 수 있고, 업무의 퀄리티도 전반적으로 올라간다. 그렇다고 잠을 줄이라는 말은 아니다. 수면 시간은 최소 7시간을 확보해야 한다. 불필요한 야근과 회식은 최대한 피하고, 일찍 자고 일찍 일어나는 습관을 들이자. 그런 이유에서 나는 2차를 가지 않는다.

적극적으로 사고한다

사고방식에도 경향이 있다. 어떤 의미에서는 이 사고방식마저 습관이라고 할 수 있다. 대표적 사고법으로 '적극 사고'와 '소극 사고'가 있다.

같은 사물을 봐도 적극적인 측면에 눈이 가고 긍정적으로 받아들이는 사람이 있는 반면에 소극적인 측면에 눈길을 주고 부정적으로 받아들이는 사람이 있다. 당연히 이 둘 중 적극 사고를 가진 사람이 성공한다. 성공하는 사람에게는 사물의 긍정적인 면을 보는 사고 습관이 있다.

사람을 만났을 때 좋은 점부터 보는 사람과 나쁜 점부터 보는 사람 중에 어떤 사람과 친구가 되고 싶은가? 당연히 전자다. 이들은 안건이 제시되었을 때 왜 그걸 해야 하는지, 어떻게 하면 해낼 수 있는지를 고민한다.

다른 사람을 기쁘게 한다

성공하는 사람은 다른 사람을 기쁘게 하는 방법을 알고 있다. 그들은 남을 기쁘게 해주는 것을 좋아한다. 상대를 배려하는 습관을 가진 사람은 인간적으로도, 직장인으로서도 성공한다.

일을 잘하기 위해 버려야 할 습관

성공 습관이 있다면 실패 습관도 있는 법이다.

늦게 잔다

대부분의 직장인은 아침부터 저녁까지 일한다. 아침부터 컨디션이 안 좋으면 본격적으로 업무를 해야 할 때 최선의 결과물을 만들 수 없다. 즉, 어떤 아침을 보내느냐가 승부처다. 당장 2주 동안만 일찍 일어나는 생활을 해보면, 자연스럽게 일찍 일어나는 습관이 생긴다. 이 습관은 결국 적당한 시간에 잠자리에 들게 만든다.

폭음·폭식을 일삼는다

식생활은 몸으로 그대로 드러나며 두뇌 작용을 결정한다.

신체 컨디션이 나쁘면 두뇌 회전이 느려진다. 감정 컨트롤도 힘들어진다. 폭음과 폭식을 피하는 건 결국 자기 관리와도 맞닿아 있다. 정기적으로 건강 검진을 받고 수치를 확인하면 생활 습관을 개선하고자 하는 결심이 생길 것이다.

아침부터 스마트폰 게임을 한다

같은 스마트폰도 어떻게 사용하느냐에 따라 차이가 커진다. 아침부터 정신없이 게임을 하는 사람과 기사를 읽고 영어 공부를 하는 사람은 하루의 시작이 다를 수밖에 없다. 스마트폰 게임은 불규칙한 수면의 원인이 되기도 하므로 버려야 할 습관이다.

SNS를 과도하게 한다

과도한 SNS 역시 스마트폰 게임과 같다. 실제로 SNS 중독은 전 세계적으로 큰 문제가 되고 있다. SNS의 문제점 중 하나는 자신과 같은 취미, 같은 수준인 사람하고만 소통하게 된다는 것이다. 다양성이 중시되는 사회에서 지나치게 높은 벽을 세우는 습관이다.

미룬다

미루는 습관은 흔히 찾아볼 수 있는 나쁜 습관이다. 무슨 일이 있어도 일정을 지키고 수준 이상의 결과물을 내는 게 프로다. 그러려면 오늘 할 수 있는 일은 오늘 해야 한다.

험담한다

인간은 무심코 남을 헐뜯는다. 인터넷에서도 많은 사람과 기업이 악플, 즉 험담의 표적이 된다. 잘나가는 사람에 대한 시기와 질투로 비난하는 경우도 많다. 하지만 나쁜 면보다는 좋은 면을 볼 수 있어야 한다. 입이 근질거려도 삼켜야 한다. 본인보다 잘나가는 사람을 보면 질투 대신 올바르게 동경하는 것도 성공을 위한 습관이다.

소극적으로 사고한다

앞서 소개한 적극 사고의 반대다. 사람과 사물의 나쁜 면만 보고, 게으름을 피우며, 요행만 바라는 사고 습관이다. 물론 인간이라면 누구나 부정적인 감정을 느낀다. 다만 그 부정적인 시간을 얼마나 짧게 줄이느냐가 관건이다. 부정적인 시간에 쓰는 시간이 짧아질수록 긍정적인 감정이 늘어난다.

하고 나면 끝이라고 생각한다

무언가를 했으면 바로 끊어내는 것도 좋지 않은 습관이다. 했다면 돌아보고 반성해야 한다. 사소한 부분부터 중요한 부분까지 돌아보면 무엇을 잘했고 잘못했는지를 찾을 수 있다. 이 과정에서 후회할 일이 줄어든다.

옮긴이 **장혜영**

이화여자대학교 물리학과를 졸업하고 가와이주쿠 국제 일본어학교를 나왔다. 현재 일본어 전문 번역가로 활동하고 있으며 주요 번역서로는 『세상에서 가장 쉬운 하고 싶은 일 찾는 법』, 『보이는 노트 재무제표』, 『싫은 사람과 잘 사귀는 기술』 등이 있다.

일센스 99

초판 1쇄 인쇄 2024년 6월 28일
초판 1쇄 발행 2024년 7월 12일

지은이 고미야 가즈요시
옮긴이 장혜영
펴낸이 유정연

이사 김귀분
책임편집 정유진 **기획편집** 신성식 조현주 유리슬아 서옥수 황서연 **디자인** 안수진 기경란
마케팅 반지영 박중혁 하유정 **제작** 임정호 **경영지원** 박소영

펴낸곳 흐름출판(주) **출판등록** 제313-2003-199호(2003년 5월 28일)
주소 서울시 마포구 월드컵북로5길 48-9(서교동)
전화 (02)325-4944 **팩스** (02)325-4945 **이메일** book@hbooks.co.kr
홈페이지 http://www.hbooks.co.kr **블로그** blog.naver.com/nextwave7
출력·인쇄·제본 (주)삼광프린팅 **용지** 월드페이퍼(주) **후가공** (주)이지앤비(특허 제10-1081185호)

ISBN 978-89-6596-637-1 03320